한용운신인문학상 수상 시인
나의 레나를 그리며

샘문시선 1033

한용운신인문학상 수상 시인
정희오 시선집

봄바람처럼 부드럽게
무지개처럼 아름답게 내 마음을
그대 가슴에 전하렵니다

밤마다 나는 꿈을 꿉니다
밤마다 그대가 그립습니다
그런 당신은 내 삶의 전부입니다
〈아내에게, 일부 인용〉

청아한 새의 노래 따라
고요히 바라보는 보석 같은 눈망울

화사한 웃음꽃처럼
황홀한 나의 시선이 꿈처럼 머무는 곳

님의 어깨에는
무지갯빛 고운 햇살이 물결처럼 피어난다
〈시선이 꿈처럼 머무는 곳, 일부 인용〉

그대를 어디에서 찾을 수 있을까요
묵묵히 그대만 생각하며
가만히 그 이름 불러 보내요
사랑하는 사랑이여
사랑하는 사람이여
〈그리운 날에, 일부 인용〉

님께

년   월   일

드립니다.

도서출판 **샘문**

나의 레나를 그리며

정희오 서정시집

시인의 말

내 시의 근원은 향수다

시집을 내면서 시를 짓는 나의 사고는 때로는 바람이 되고 때로는 강물이 되었다. 여기 모은 글들은 때때로 생각이 스칠 때 하나씩 적은 것이다.
남들을 감동하게 할만한 작품에는 못 미치지만 내 생애를 해부하듯 고뇌의 붓끝으로 적어본 것들인데 다시 읽어보니 부끄럽다는 생각이 드는 것 또 한 사실이다.
그렇지만 어렸을 때부터 자연 현상에 의문점을 가져 보았고 여행을 하면서 마주치는 자연과 인간의 갈등을 느낄 때마다 아름다움과 슬픔에 사로잡히며 그 느낌을 글로 담아보고 싶었다.
그래서 세상을 관조하듯 사유하고 교감하며 글을 썼다. 세상의 순수함을 보고자 하는 마음으로 쓴 말들이 현실과 마주치면서 왜곡되어 가는 것을 느끼기도 했고 또한 그 진실의 길에서 늘 충실하려고 노력해 왔다. 그러면서 뭉클뭉클 일어나는 상념들을 붙들며 느낌을 놓치고 싶지도 않았다.

내가 생각해도 나의 시풍은 그리움과 상실이 주류다.
상실이 대표적인 모티브가 된 내 시의 근원은 향수鄕愁를 빼고 말할 수가 없다.
필자의 고향은 경상북도 영천시 임고면 선원리로 농촌진흥청이 발표한 한국의 '살고 싶고 가 보고 싶은 농촌 마을 100선'에 선정될 만큼 아름다운 마을로 소위 말하는 400여 년 역사를 간직한 조선시대 대표적인 사대부를 조상으로 둔 집안이다. 효와 예를 종법 질서의 최선봉으로 삼는 엄격한 가풍 속에 위로는 자색이 출중한 누님이 세 분이 계시고 아래로는 세인들에게 충분히 존경받는 백형과 중형이 계신다. 어릴 때부터 잔병치레를 도맡은 나는 6남매 막내로 태어났다. 그리고 20대 중반에 결혼하여 지금까지 고향을 떠나서 대구에서 살고 있다. 그러다 보니 자연히 필자의 시 속에는 고향에 대한 그리움이 많이 녹아 있게 된다.

애초 내가 쓰는 시는 누구에게 보여주려는 것은 아니었다. 다만 나의 내면에서 오는 환희와 상실의 울림을 적고 또 적을 뿐이며 그것의 내용이 좋고 나쁨을 생각한 것도 아니었다. 그저 글을 쓰고 싶은 무지렁이가 묵묵히 한 자 한 자를 적은 것이 전부여서 품격 있는 시는 못 된다고 생각된다.

어릴 때는 조상님의 묵향 속에 젖기도 했지만, 결혼하고 각박한 세상을 살다 보니 서책을 멀리하였는데 중년이 지나는 어느 날 다시 책과 원고를 가까이하면서 우연히 문학 공모전에 출품한 시가 당선되어 과분한 신인상을 수상하게 되었다. 그 이후 미숙한 시인의 길로 들어서고 있다. 그리고 앞으로 이 미지의 시 세계를 꾸준히 걸어갈 생각이며 더욱더 정진하여 독자들에게 사랑받는 시인으로 거듭나는 노력을 할 것이다.

이 시집을 무사히 출간할 수 있도록 물심양면으로 성원을 해주신 누님과 형님 가족 여러분과 나의 사랑하는 식솔들 그리고 친구들에게 감사드리며 많은 지도와 영감을 주신 샘문그룹 이정록 이사장님과 이 시집을 출간하기 위해서 고생하신 샘문시선 기획, 편집, 출판 관련 선생님들께도 감사의 인사를 드립니다.

2022년 6월 20일

南溪 정희오 드림

서문

시인은 누군가를 은혜하고 지켜온 사랑의 흑기사

- 이정록 (시인, 수필가, 교수, 문학평론가, 칼럼니스트)

정희오 시인의 첫 시집 『나의 레나를 그리며』는 서정시집으로 핵심적인 주제는 사랑이다. 시집을 살펴보면 제1부 어머니 등에 핀 메주꽃, 제2부 순수시대, 제3부 장미의 수모, 제4부 그대의 숨결을 그리며, 제5부 시선이 꿈처럼 머무는 곳, 으로 구성되어 있다. 우선 그럼 시인의 시집이 현재를 살아가는 사람들에게 어떤 의미를 지닐까 생각하면 한 마디로 사람과 사람 사이에 오가는 정과 사랑과 연민과 추억을 소중히 하고 그런 감성과 감정을 귀히 여기며 그러한 감정들이 사람이 살아가는 길이고 사랑하는 길이며 삶을 아름답게 구성하는 요소라는 것을 시인은 결론 내리고 있다. 그는 사랑을 희구해야 한다는 필요성을 공감할 수 있다는 의견이다. 살아오면서 사랑은 만나기도 하고 상처 주고 사라지기도, 아름다운 이별을 하기도 한다는 것이다. 사랑이 사라지고 멀어졌기 때문에 그는 새로운 사랑을 찾고 그 새로운 사랑에게 성심을 다하고 싶은 것이다.

내가 처음 만난 정희오 시인은 샘터문예대학 시창작학과에서 시창작 수강을 하겠다고 등록한 후 열정으로 수학하며 시인으로서의 기본 이론을 습득하고 창작 공부를 열심히 하여 샘터문학 백일장에서 최우수상을 수상하였고, 샘문에서 시창작가 2급 민간자격증도 취득하였으며, 2021년 11월경에는 샘문그룹에서 주관, 주최하고 서울특별시와 중랑구가 후원하는 한용운문학상 공모전에서 시조부문 한용운신인문학상을 수상

하는 기염을 토했다. 그리고 올봄(2022년)에는 샘문뉴스와 사단법인 문학그룹 샘문이 주최, 주관한 신춘문예에서 샘터문학상 신인상부문에서 당선되어 시부문 등단을 하는 경이적인 역사를 쓰며 명실공히 프로시인 반열에 올랐다. 시인의 첫 이미지는 그랬다. 시창작을 제대로 배워보겠다고 접근할 때는 절절한 사랑의 시를, 서정적 시를 쓸 시인 같지는 않았다. 유한 카리스마에 멋진 선비 타입이기에 상상이 잘 가지 않았다. 그러나 상상외로 그는 감성적이고 낭만적인 사람이고 굉장히 성실한 사람이기에 시격이 급성장을 이루었으며 아집이 없고 오만하지 않으며 아주 낮은 자세로 겸손하고 예의가 바른 꽃과 같은 사람이다. 그래서 시인의 마음 정원에는 항상 아름다운 꽃이 피고 나비와 바람과 구름과 이슬과 하늘이 있다. 그리고 "물의정원"을 소중히 가꾸고자 한다. 시인의 정원에는 그 무엇도 침범할 수 없는 그만의 내밀한 세계를 간직하고 있고 그것으로 흔들림이 없으며 그 정원 어딘가에 사랑의 샘물이 끝없이 흘러나온다.

왜 사랑의 시를 써야 하는가, 라고 한다면 정희오 시인에게는 새로운 사랑을 갈구하기 때문에 사랑이 상상의 나래를 펼친다. "레나"에게 그는 사랑의 마음을 다한다. 시인의 시, "레나를 그리며" 작품을 살펴보자.

    따사로운 햇볕
    어느 봄날
    금강에 앉아서
    은물결 위에
    우리들은 꿈을 실었네

    나부끼는 실버들
    활짝 핀 물망초 언덕
    행복하였어
    그러나 너의 모습도 가고 말아

서문

먹물같이 가슴만 적셨네

나의 레나는
깊고 푸른 은하를 외로이 건너
붉은 노을이 되어 내려와
우리의 맹세를 채우려 하네

안개처럼 흩어지는 애달픈 영상
막을 수 없는 그리움에
여기 고요한 강가에서
추억을 긷네

〈레나를 그리며, 전문〉

그 사랑의 마음이 레나에게 향하며 레나가 깊고 푸른 은하를 외로이 건너 붉은 노을이 되어 내려와 맹세를 지킨다고 한다. 즉 레나가 자신을 지켜주길 바라는 것이다. 그것은 그가 젊은 시절에 누군가를 사랑하고 결혼하여 지켜온 사랑의 흑기사였다면 노년인 그는 그가 지켜주고 사랑한 레나가 자기 자신을 지켜주기를 바라는 마음을 갈구하는 것이고 이제는 레나와 함께 구현하여 맹세의 목적 최선상에 도달하고 싶은 것이다. 앞으로도 누군가의 사랑을 받고 싶은 것이다. 그래서 그는 레나가 자신을 지켜주길 바라면서 사랑을 간절히 찾아가는 것이다. 이것은 지극히 자연스러운 일이라고 생각된다. 사람이 변화되는 시기에 다시 소망하는 사랑이 정희오 시인의 심상을 점유한다. 그의 사랑은 생존과 직결되는 문제이며 근원적인 요구이다. 그동안의 사랑과 그가 비호했던 사랑은 책임이나 의무였을지도 모른다. 지키느라 쉽지는 않았을 것이다.

정희오 시인의 시편들은 잘 음미하면 할수록 고개가 끄덕여지고 공감이 된다. 그리고 현대적 감수성이 배어있고 그의 마음의 정원으로 사랑을 불러들여서 온유하게 품어준다는 생각이다. 사실 이 사회에서 대부분의 사람들은 메마른 마음으로 건조하며 공허하게 의미 없이 살아가고 있다. 사랑을 품기보다는 헛된 우상을 좇아가느라 타인도 자신도 사랑해야 할 이들도 모른 채 돌진하고 있다. 이것이 현실을 사는 우리들의 아름답지 못한 모습이기도 하다. 이해타산을 생각하는 조건적인 사랑, 댓가를 바라는 거래적인 사랑, 사랑받기를 바라고 줄 줄을 모르는 이기적인 사랑에 우리들은 빠져있다. 그야말로 자본주의의 상업광고는 사랑마저도 상품의 교환가치로 바꾸려고 획책한다. 이러한 물신화나 우상화 속에서 우리들은 사랑을 잃고 공허하고 메마르며 푸석푸석한 삶을 살아가고 있는지도 모른다. 그래서 인간을 차별하고 귀하게 여기지 않으며 권리를 짓밟고 자신의 이익을 만들어내는 수단으로 취급하는 비열성을 내포한다.

정희오 시인이 복원하는 인간의 마음은 사랑이다. 그 사랑을 복원하는 데에 있어서 남녀의 에로스 사랑에서 시작하여 확장되어 최고의 선은 최고의 사랑이라는 것이 시인이 해석하는 새로운 사랑이며 그가 찾고 희구하는 사랑일 것이다. 시인은 에로스의 사랑만이 아니라 필리아의 사랑, 즉 관계의 사랑과 아가페적인 사랑, 즉 자기희생적인 사랑을 체현한다. 그가 살아오면서 에로스의 사랑에서 출발하여 지아비와 부모가 되는 자기희생적 사랑과 타인들 간의 필리아적 사랑, 부부의 사랑을 경험하면서 그의 사랑은 깊어졌고 단단해져 왔다고 본다. 그가 단순히 감성적인 사랑을 꿈꾸어온 것이 아니라는 것이 한 편 한 편의 시들에서 전개되고 상상력으로 빚어낸 것은 바로 그의 사랑의 삶 속에서 우러나온 표현들이거나 그의 사랑에 대한 의식일거라 생각한다.

정희오 시인은 사랑을 쌓아온 세월의 견결함이 배어있고

서문

그 삶이 시구절과 어우러져 사랑을 잃어 방황하거나 흔들리는 마음들이 그와 함께 서투른 사랑에서 완성도 높은 사랑까지 하나하나 발현하고 구현하는 비법을, 은사적이고 은혜로운 비법을, 배려하는 비법을 그로부터 전수받을 것임에 틀림없다. 시인의 작품을 감상하며 위로받고 치유받을 것임에 틀림없다. 시집 출간을 감축드리면서 많은 독자들이 이 시집을 읽고 다시 사랑을 품고 구현하기를 간절히 바라며 정희오 시인의 문운장구를 빈다.

한용운신인문학상 수상 시인
나의 레나를 그리며
정희오 서정시집

시인의 말_내 시의 근원은 향수다 ·· 5
서문_시인은 누군가를 은혜하고 지켜온 사랑의 흑기사 ········ 7

1부 어머님 등에 핀 메주 꽃

레나를 그리며 ··· 18
빛바랜 풍경화 ··· 19
유선有善을 꿈꾸며 ··· 20
가을 연가 ·· 21
선원리 봄 길에서 ··· 22
장미의 탄생과 밤의 소멸 ······························· 24
주디타의 입술을 훔치고 싶다 ························ 25
연민 ·· 26
숙명학 개론 ··· 28
각시붓꽃 여인 ·· 30
목련꽃 아래 서면 ··· 32
야간열차 ·· 34
꽃과 나와의 함수관계 ··································· 36
아내에게 ··· 37
아 사월은 오는데 ··· 38
망향 ·· 39
사랑은 번아웃 증후군 ··································· 40
어머님 등에 핀 메주꽃 ································· 42
누님과 감자 ··· 44

2부 순수시대

설날 아침 ············ 46
순수시대 ············ 47
해당화 연가 ············ 48
패랭이꽃 지는 날 ············ 49
무상무념 ············ 50
날 용서하소서 ············ 51
사무치는 사랑 ············ 52
잎이 꽃보다 아름답다 ············ 53
태초의 향기, 매화 ············ 54
슬라이스치즈 용트림 ············ 55
시총詩塚의 애상 ············ 56
커피 두 잔의 낭만 ············ 58
초겨울 풍경 ············ 59
사랑도 그리움도 녹슨다 ············ 60
그리움의 마법 ············ 61
사랑의 진실 ············ 62
낙엽의 계절 ············ 63
세월이 멀리 흘러왔습니다 ············ 64
미련의 끝은 ············ 65
가을비는 내리고 ············ 66
망초꽃 당신 ············ 67
봄날 꽃밭에서 ············ 68

3부 장미의 수모

애증의 기억 ·············· 70
대책 없는 욕망 ·············· 71
비겨간 동행 ·············· 72
오작교의 꿈 ·············· 73
나도 산처럼 가슴이 탄다 ·············· 74
연정의 봄 ·············· 75
사월의 역병 공포 ·············· 76
화신이 내려올 때면 ·············· 78
봄비의 추억 ·············· 79
봄을 기다리는 이유 ·············· 80
당신이 그랬던 것처럼 ·············· 81
겨울비는 추억을 부르고 ·············· 82
늦은 귀향 ·············· 83
침묵의 이유 ·············· 84
장미의 수모 ·············· 86
관능과 욕망의 그림자 ·············· 88
청야淸夜 ·············· 89
수선화 ·············· 90
화석이 되어버린 초상 ·············· 91
용서 ·············· 92
특별한 벗 ·············· 93
그대 생각 ·············· 94

4부 그대의 숨결을 그리며

핑계 · 96
가을밤 · 97
외로운 강변 집 · 98
영일만에서 · 99
보문호에서 · 100
이별 후에 · 101
울어라, 가을밤아 · 102
지독한 사랑 · 103
형산강가에서 · 104
이별 · 105
그대 숨결을 그리며 · 106
사문진 나루 · 107
늙은 아내의 귀를 보았다 · 108
사라진 겨울 장미 · 109
조락의 슬픔 · 110
날아간 바람새 · 112
아 가을빛 사랑이여 · 113
향수鄕愁 · 114
가슴 설레는 가을풍경 · 116
낡아버린 임의 선물 · 117
상처 난 가을 벤치 · 118

5부 시선이 꿈처럼 머무는 곳

시선이 꿈처럼 머무는 곳 ········· 120
슬픈 영혼 ········· 121
주신酒神의 노욕老慾 ········· 122
오월의 정원 ········· 124
꿈이었으면 ········· 125
산창을 여니 천국이네 ········· 126
봄비 ········· 127
그리운 그대에게 가는 길 ········· 128
소녀를 울리는 봄 ········· 130
미완의 사랑 ········· 132
너의 미소 ········· 133
첫눈의 얽힌 첫사랑 이야기 ········· 134
고향의 진달래꽃 ········· 135
고향집 ········· 136
나의 임은 ········· 137
영혼이 아름다운 꽃 ········· 138
행복이란 ········· 139
살구비와 손자 ········· 140
사랑 참, 어렵다 ········· 141
견우직녀의 베틀 사랑 ········· 142
구름 같은 사랑 ········· 144
사랑아 사랑아 ········· 146
나와 봄비 ········· 147
오월의 기도 ········· 148
오로지 사랑만 하겠어요 ········· 149

1부
어머님 등에 핀 메주꽃

레나를 그리며

따사로운 햇볕
어느 봄날
금강에 앉아서
은물결 위에
우리들은 꿈을 실었네

나부끼는 실버들
활짝 핀 물망초 언덕
행복하였어
그러나 너의 모습도 가고 말아
먹물같이 가슴만 적셨네

나의 레나는
깊고 푸른 은하를 외로이 건너
붉은 노을이 되어 내려와
우리의 맹세를 채우려 하네

안개처럼 흩어지는 애달픈 영상
막을 수 없는 그리움에
여기 고요한 강가에서
추억을 긷네

빛바랜 풍경화

뚫어진 담장에는 노루가 힐끔힐끔
비바람 들락날락 빛바랜 봉창 소리
대 끊겨 전설이 된 밀양 고택 외롭네

행랑채 뻐드렁이 영희가 살았는데
애호박 속살 속에 개구리 넣었어도
배시시 천사가 되니 내 마음이 울렸네

어제는 영희 엄마 사골 댁이 떠나갔네
서낭당 돌머리에 엄지발톱 다 달도록
서른 해 기다린 외딸 가슴속에 품고서

내일이 찢기어진 부뚜막에 주저앉아
옛 추억 회상하며 마음을 달래는데
부서진 가마솥에 귀뚜라미 야속하네

유선有善을 꿈꾸며

구겨진 겨울밤 부심腐心의 철창 속에
시련을 감내 하는 한 여인이
존재의 소명을 위해 새봄을 기다리네

회색의 바다에서 무자비 착오 속에
처절히 맞싸우는 섬세한 저 영혼아
그것이 나의 애절한 근원적 그리움

태양은 언제나 광의廣義의 편이었지
자욱한 벌레 소리 기울어진 장막 속에
꿋꿋이 유선有善을 찾는 피닉스 화신아

양양揚揚한 빗속에 무지개 피어나고
처절한 외로움과 칠흑 같은 어둠에도
영원히 시들지 않는 고혹스런 모란꽃

가을 연가

앞산에 단풍 들면 캔버스 펼쳐 보고
잎새 위 햇살 끌어와 환희도 새겨 보고
창가에 달빛 당기니 찻잔 속, 임 어리네

중동교 여울에 물보라 피워보고
들국화 치맛자락 향기도 담아보고
구절초 쑥부쟁이는 가을의 마돈나

아롱대는 갈망은 그릴 수는 없지만
애틋한 그리움에 추억도 담아보고
신천에 가을이 오면 캔버스가 젖네

선원리 봄 길에서

아름다운 고향 선원리 봄빛에
앞 냇가 버들개지
물결 따라 흐르고
학산의 진달래 향기가
솔밭 사이로 내려온다

반짝반짝 파릇파릇
첫 골밭 청보리 잎새가
바람결에 흥겨운 춤을 춘다

옅은 아지랑이 속으로
계심대 맑은 물에는
물총새가 한창 목욕 중이다
천도복숭아꽃 가지 사이로
사월의 함계정이 저만치
풍경화 속에 졸고 있다

나는 풀잎 하나 입에 물고
흥얼거리며
기정두들 오솔길을 걷는다
문득 꿈속인 듯 아릿하게
어릴 때 같이 놀던 친구들이 그리워진다

지금은 모두 어디에서
나와 더불어 향수에 젖을까

*학산 : 작가의 고향에 있는 산
*계심대 : 고향에 있는 바위 마루
*함계정 : 고향에 있는 정사
*기정두들 : 고향에 있는 구릉

장미의 탄생과 밤의 소멸

까만 밤은 붉은 장미 그녀에게
영혼을 빼앗기고 서둘러 독신을 포기하고
달빛은 백날쯤 품은 꽃망울
포근한 미소로 탄생을 유도한다
사나운 밤새들이 청각을 농락하지만
어둠이 천사 되어 내리는 밤이면
전율의 가시를 얌전하게 감춘다

밤은 침묵이 본연이라지만
가득한 열기로 주변을 채운다
그녀는 일곱 개의 별을 부추겨
수많은 꽃잎을 탄생시키고
도도한 권능으로 삭막한 산하에
아름다운 색채를 그려 넣는다

어둠의 소멸로 갓 태어난
그녀는 깨끗한 이슬로 아침 단장을 한다
그녀는 태양의 심장 소리를 들으며
장미의 화원에서 새소리와 함께
아침의 창을 깨운다

주디타의 입술을 훔치고 싶다

나는 가끔씩 집시 여인을 만나는 꿈을 꾼다
그녀는 익숙한 듯 나를 보고 웃고 있다
낯선 내가 다가가도 주디타는 전혀
어색해하지 않는데
내가 생각해도 참 신기한 장면이다

나의 꿈은 환상적이고 초현실적이지만
생생하고 선명하게 다가오는데
현실에서는 있을 수 없는 이질적인 풍경이고
생각지도 못한 모습에 당황한 나의 심장은
파도처럼 요동치고 있다

미지의 여인과 황홀한 달빛 속에서 조우한 나는
슬쩍 주디타의 입술을 훔치고 싶다
이 모습이 어울리지 않지만 어울리는 것 같은
느낌이 인상적이다

그녀는 종려나무 밑에서 나의 무릎을 베고
가만히 나를 올려다보며
붉은 입술과 검은 눈동자로 나의 사랑을
확인하고 싶어 하고 나도 사랑의 눈동자로
여인과 애틋한 시간을 문득 꿈이 아닌 현실에서
집시 여인 주디타의 입술을 만나고 싶다

연민

추억이라 말하기에는
시간이 많이 흐른 것이 아닙니다
추억이라 말하기에는
사연이 많이 쌓인 것도 아닙니다
시간이 흐르고 사연이 쌓이는 것보다
당신이 그리운 것이 추억입니다

내게 추억이라는 것은
강물이 흐르고 구름이 흩어지는 것입니다
내게 추억이라는 것은
당신을 생각하는 것이지만
당신은 날 기다리는 추억이 아닐 수 있습니다

당신의 영혼 속에
내 추억이 존재하기를 소망하지만
당신 속에서 내 존재가 지워졌다면
내 가슴에 큰 상처로 남을까 염려스러워집니다

우리가 만나고 헤어진 시간이 비록 짧다 하더라도
그것을 추억이라 말하지 않겠습니다
추억은 다시 올 수 없는 시간이기에
당신을 만나는 희망을 버리지 않습니다

우리는 아직도 하지 못한 말이 너무 많아
추억이라는 말은
내게는 아직 어색한 수식어이고
그대에 대한 연민이
강물처럼 흐르고 있기 때문입니다

숙명학 개론

어느덧 다가서는 절망의 시간
이제 당신과 나는 우리의 여정을 멈추고
각자의 자리로 돌아가야 합니다
수많은 고통과 한이 쌓이고 쌓이더라도
이제는 헤어져야 합니다

지금 당신과 나 사이에
검은 구름이 가득히 밀려옵니다
그리고 비가 내립니다
그 비에 얼굴이 젖을까 두렵고
옷이 젖을까 두렵습니다
또 그대를 하얗게 잊을까 두렵습니다

우리가 꼭 만나야 될 인연이라서
만난 것이 숙명이라면
이루지 못한 지금의 인연은 운명입니다
인연의 시작과 끝이 어딘지 모르지만
만나서 고통스러운 것보다 이별 후의
그리움이 온전한 운명입니다

가슴속에 타는 그리움은 어쩔 수 없습니다

여름날 청록빛 신록이 아쉽다 해도
가을날 단풍잎처럼 우리는 물들어야 합니다
계절을 따라가다 보면 어느덧 잊을 수 있겠지요

허망한 이 땅의 모든 인연이 소멸되고
어느 윤회의 시간이 오면
우리는 또 우연히 만날 수 있겠지요
그곳에서 다시 만난 우리는
못다 한 사랑을 이룰 수 있을 겁니다
그때라야 비로소 우리의 인연은
우리가 스스로 선택한 숙명이 되겠지요

각시붓꽃 여인

유월은 이별을 재촉하고 말았다
사내는 상처 난 보랏빛 눈물 앞에서
속절없이 울고 만다
떠날 줄은 알았지만 그렇게 빨리
떠날 줄 몰랐다고

물망초 핀 개여울을 지나
향기로운 야생화가 만발한 언덕에
각시붓꽃이 그곳에 있다

다소곳이 미소를 지으며
사내 얼굴 훔쳐보다가
수줍게 눈길을 돌리는 각시붓꽃
여인이 그곳에 있다

봄바람 타고 다가오는
상큼하고 향기로운 여인
사내 영혼을 송두리째 사로잡는 여인
각시붓꽃이 이곳에 있다

유월은 이별을 재촉한다
사내는 상처 난 여인의 보랏빛 눈물에
속절없이 울고 만다
떠날 줄은 알았지만
이렇게 빨리 떠날 줄은 몰랐다

목련꽃 아래 서면

오늘처럼 하얀 목련꽃 아래 서면
나는 한 사람이 마냥 그립다

봄바람처럼 따듯하고
봄비처럼 촉촉하게
영원한 사랑을 약속하며
내 청춘 한 조각을 꽃피웠던
까만 눈동자가 매혹적인
한 여인이 그립다

시냇물처럼 맑고
보석처럼 영롱하게
영원한 희망을 얘기하며
내 생애 한 자락을 가져가 버린
복숭앗빛 양 볼이 매혹적인
한 여인이 그립다

오늘처럼 하얀 목련꽃 아래 서면
나는 한 사람이 마냥 그립다
먹구름처럼 칙칙하고
나목처럼 고독하며
영원한 침묵 속에
내 영혼 한 페이지 피폐疲斃를 남겨둔
매혹적인 목련꽃 여인이 그립다

야간열차

내 사랑 이오스를 찾아
나는 일직선으로 달려간다
희미한 가로등 사이
시간이 굴절된 시공 속에서

흔들리는 궤도가 안개 되어 다가선다
살갗을 스치는 공포 속에
지선支線이 존재하길 빌어본다

독백도 잠겨버린 갱도의 끝에서
두 손 모으고 간절히 기도드린다
신이시여 닉스의 품을 탈출하게 하소서

영혼이 머문 종착역에서
흩어지는 그대의 기억을 감싸 안으며
나는 희미한 빛의 선로를 찾아
비틀비틀 나아간다

소리 없이 돋아나는 소름들이
심장 속에서 앙금처럼 똬리를 튼다
지울 수 없는 상처와 미련을 안고서
나는 일직선으로 달려간다

희미한 가로등 사이
시간이 굴절된 시공을 지나
내 사랑 이오스를 찾아서 달려간다

***
이오스 : 그리스 신화에 나오는 새벽의 여신
닉스 : 그리스 신화에 나오는 밤의 여신

꽃과 나와의 함수관계

그녀가 피어나는 것은
나의 삶의 깨달음이 되고
그녀의 변신하는 아름다움을 관조하며
여인의 향취로 호흡하는 내 삶은
안정적이고 풍요로워진다

그녀가 낙화하면
내 생명의 환희도 없어지는 것이고
그녀가 허무하게 지는 것은
이 세상에서 아름다움이 사라지는 것이고
허망해지는 것이라고 가슴을 친다

여인이 내 곁을 떠나가는 것은
내가 향기 없는 깜깜한 감옥에 갇히는 것이요
의미 없는 무의미한 삶이라고
이제 살아갈 희망이 없다고
사랑이여 또다시 피어나라고 기도한다

아내에게

당신에게 드립니다 내 영혼을
당신에게 드립니다 내 사랑을

세상이 아득히 소멸한다 해도
내 한 생 오롯이 그대 빛이 되렵니다
오롯이 오롯이 그대 빛 되렵니다

우리가 맺은 소중한 인연은
수많은 세월의 기다림이었어요

봄바람처럼 부드럽게
무지개처럼 아름답게 내 마음을
그대 가슴에 전하렵니다

밤마다 나는 꿈을 꿉니다
밤마다 그대가 그립습니다
그런 당신은 내 삶의 전부입니다

아 사월은 오는데

봄날 훈풍 한 줄기
연분홍 입술을 간질이며
겨울 껍질을 벗기려 하지만
산골에 성글게 쌓인 잔설이
봄 숨길을 더디게 한다

아지랑이 손짓이 늦고
텅 빈 제비집 고요에 잠든다
보리밭 새싹은 이랑 밖으로 귀 기울이고
개나리꽃 제 살갗을 찢으며 삼월을 밀어낸다

한낮 설익은 햇살이 꽃눈을 유혹하며
유채색을 강요한다
참 봄은 뒤란에 갇혔는데
장독대 나비는 게으른 하품을 옮긴다

가만히 봄바람을 느낀다
이럴 때면 열병처럼 다가오는
맺지 못할 풋사랑
한 소녀가 또 가슴을 도려낸다

망향

나는 모르고 살았습니다
내가 가야 할 곳이 있다는 것을
왜 그렇게 몰랐는지

고향이 있었다는 것도
첫사랑이 기다리는 것도 모두 잊었습니다
타향의 밤이 되면
늘 외로움에 젖어 울었습니다

이제야 알았습니다
내가 돌아가야 하는 곳과
기다리는 사람이 있다는 것을
이제 외롭지 않습니다

파란 하늘 뭉게구름 저편에는
제비꽃 곱게 피고 종달새 지저귀는
그리운 사람이 있다는 것과
고향집이 있다는 것을 알았습니다

사랑은 번아웃 증후군

일몰이 그의 눈동자 안으로 잠긴다
애증이 온 마음에 흘러들고 있다
삼각형 금단의 틀 속으로 기우는 고독은
어쩔 수가 없다

그의 적개심이 날개를 펴
앙상한 가슴 헤치며 만족해하지만
공포는 그림자로 변해 그의 어깨 위로 걸어간다

그의 집착이 빗속에 혼자 눕고
애욕은 그녀의 마른 우물 속에 좌절을 잉태한다

죽은 태양이 그의 얼굴에 물든다
소름이 도토리처럼 굴러
흑백으로 착색된 의자에 안착한다
그의 생존은 존재 이유도 모르고
상처뿐인 영혼을 떠나보낸다

그는 평범의 역할은 낯선 두려움에 대한
반항아라고 부르짖는다

그녀에 대한 불안한 연민이 깊은 늪 속으로 빠진다

늪에서 허우적이는 그의 애정을 진정시키자
고독한 일몰이 눈동자 밖으로 튀어나온다

***
번아웃 증후군(burnout syndrome) : 정신적으로 무기력해지는
현상

〈신춘문예 샘문학상 신인상 당선작 중 2〉

어머님 등에 핀 메주꽃

겨울바람이 매서워
어머니는 낡은 치맛자락에
새끼들을 싸매고 다닌다

어머니는 치마 속에서 제일 먼저 떠나
대처로 시집간 새끼
홍자 누이 전화를 받는다

"내가 사는 도시 아파트에서는
메주를 끓일 수가 없어예
엄마가 쒀서 좀 보내주이소"

혼기가 넘쳐나는 새끼가 있다
어머니의 치마폭 속에서
아직 은둔 중인 돌째 수자다

씻은 콩을 가마솥에 붓고
큰 나무 주걱으로 저으면서
투덜 투덜거린다

"언니야는 시집을 갔으면
지네집에서 알아서 쑬 것이지
왜 날 고생 시키고 지랄이고"

아궁이의 메케한 연기가
부뚜막을 하늘하늘 오르며
한이 많은 어머니 치맛자락처럼 춤을 춘다

싸늘한 바람 한 줄기
부엌문을 두드리며 장단을 맞추고
수자 누이가 주걱을 휘저으며
시김굿을 한다

흰 무명 수건을 머리에 질끈 두루신
육십 줄의 어머니는 조심조심
아궁이에 한 많은 생애를 태우신다

쭈구려 앉은 여인의 등에
매달린 메주가 하얀 꽃이 피고
새끼들이 주렁주렁 열렸다

〈신춘문예 샘문학상 신인상 당선작 중 1〉

누님과 감자

마당에 흰 눈이 사륵사륵 내린다
또닥또닥 화롯불에 감자를 굽고 있는
눈처럼 고운 누이의 얼굴이 평화롭다

품에는 질병에 시달리고 있는
작은 눈망울의 막냇동생
여섯 살짜리 사내아이가 안겨 속삭인다

"누부야 누부야 아직도 덜 익었어요"
감자가 구워지며 내는 구수한 냄새가
방안을 한 바퀴 돌아서
콧속을 넉넉히 자극한다
큰누나는 한 손으로 화롯불 재를 헤치며
한 손으로 어린 막냇동생 등을 쓰다듬는다

"이제 다 익었으니 먹어보렴"
큰누나는 검게 탄 구운 감자의 껍질을 벗겨서
반으로 가르고
입에서 호호 겨울바람을 만들어낸다
함박눈 내리는 겨울밤이 도란거리며 깊어간다

2부

순수시대

설날 아침

설날 아침
백발처럼 연기에 쌓인
고향집이 포근하다

한복 갈아입고
차례상 앞에 서니
부모님 살아계실 때
세배드리던 시절이 그립다

쌀강정 깨강정에
유과 약과를 보니
이집 저 집 다니면서
세배드리던 시절이 그립다

올해는 코로나로 제약이 많아 제관들이 적다
세월이 빠르게 흘러 반백이 되었다
갈 곳 없는 설날이 적적하다

순수시대

바람결에 살며시
실려 오는 꽃향기는
어느 순수한 여인이
전해주는 사랑의 향기일까?

그녀의 향기는
나를 가벼운 일상으로 돌아오게 하고
그녀의 향기에
나는 행복한 고민이 눈부시게 빛난다

그녀의 향기는 신선하고 향큼하며
빛나는 나의 고민은 산뜻한 열정이 되고
순수의 정념이 격하게 일렁인다

순수한 여인이 전해주는
페로몬 향기에 취한 순수는
행복하여 밤마다 별꽃을 틔운다

해당화 연가

바다의 서곡이 들리는 모래언덕
봄비가 적셔주는 촉촉한 붉은 입술
소녀의 노래가 바람결을 붙드네

소녀 이슬 젖어 홍안의 미소 지으며
화사한 얼굴로 바다를 물들이면
파도는 갯바위 쓸어안고 물꽃이 되네

꿈결에 실려 오는 달콤한 속삭임
시객의 마음 송두리째 앗아가고
소녀가 전하는 첫사랑의 향기네

패랭이꽃 지는 날

외로운 여인이 슬픈 날엔
한숨이 얼룩지고
별빛도 하늘가 서성이는 밤
기다려도 찾는 길손이 없구나

핑크빛 입술 바람에 떨리고
작은 가슴에 상처만 남은 여인
오늘 밤도 싸늘한 찬비에
외롭게 잠이 드네

여인이 달아오르는 계절이 오면
먼 산 뻐꾸기 이 산 저 산
핑크빛 사랑놀이가
온종일 산야를 물들이네

핑크빛 인연 애달픈 꿈이었나
고행의 기다림이 전생의 죄업인가?
바람이 모진 인연 붙들어 가고
핑크빛 연민 부슬비 젖어 흘러가네

무상무념

가만히 앉아 누구를 간절히 기다리는 날이 있다
분명히 올 사람이 없는데도
꼭 약속이 있었던 것처럼 혼돈이었다

저녁나절이 되어 생각해 보니
온종일 기다리던 여인은 오지 않고
허무하게 지나가 버린 하루였다

가만히 앉아 비가 내리길 기다리는 날이 있다
날씨가 매우 맑았는데도
꼭 비가 내릴 것 같다는 사유가 흐른다

황혼빛 석양이 되어 생각해 보니
온종일 하얀 새털구름만 오고 가다가
관념 없이 지나간 하루였다

날 용서하소서

인편으로 들었습니다
당신은 여전히
살구꽃이 피는 맘실마을에
행복하게 살고 있다고 들었습니다

인편으로 들었습니다
당신은 여전히
배신감이 태산 같아
도저히 날 용서할 수 없다는 말을 들었습니다

인편으로 보냈습니다
나는 오늘도
당신을 못 잊어
후미진 해변에서 울고 있다고 전했습니다

인편으로 보냈습니다
나는 오늘도
나의 잘못을 반성하며
당신에게 용서를 엎드려 빈다고 전했습니다

사무치는 사랑

그대를 보면 눈물이 날 것 같아
나는 길을 훌쩍 돌아
신작로 피해 비탈길에서 울었소

세월은 수없이 흘러 반백이 되어
청춘 시절을 잊을 수 없다는 것이
한심스럽기까지 하였네

아직도 그대를 생각하면 그리워 사무칠 것 같고
아직도 그대를 보면 설레어 눈물이 날 것 같고
아직도 그대를 영원히 잊을 수가 없구려

그대 집 앞을 지나갈 용기가 없어
비탈길을 걸으며
그대 목소리 그리워 울었소

잎이 꽃보다 아름답다

어제 나는 세상에서
꽃이 제일 예쁜 줄 알았지

오늘 꽃이 지고 나니
잎이 꽃보다 더 아름답다는 사실을 알았어

지금 길에는 비가 내리고 있어
그저께 우린 이 길에서 이별을 하였지

나는 빗속을 걸으며 생각했어
우리가 같이 있을 때 사랑은 사랑이 아니었어

오늘에 비로소 알았어
이별 후에 당신이 더 사랑스럽다는 사실을

우리는 헤어졌지만 당신이 그리워
당신을 사랑해

태초의 향기, 매화

매화꽃을 보면 죄인이 되지
나는 매화꽃을 보면
감히 다가서지 못하지

그의 너무나 맑고 순수한 영혼이
나의 추한 그림자로 오염될까 두려워

그녀 곁에 있으면 움추려 들어
나는 그녀 옆에서
향취를 맡을 수가 없어

그의 향취는 너무나 청량해
나의 더러운 악취가 너에게 오염될까 봐

슬라이스치즈 용트림

나만 보면
절주를 강요하는 그녀가
경고를 날리고 친정에 갔다

심심한 생각 떨칠 수가 없는데
뱃속에서 술 벌레가 개시開市를 시작했다
잠시 외출을 생각했지만
코로나 거리 두기로 호프집도 소용없다

꿈쳐둔 소주병을 들었다 놓기를 서너 번
이미 목젖이 촉촉이 젖는다
흔들리는 발걸음이 냉장고 속을 오른다

느닷없이 쏟아지는 슬라이스치즈가
거실 바닥에 모자이크를 만든다
식탁에 혼자 앉아 기분 좋게 TV와 건배사를 하고
슬라이스치즈 한 장에 용트림이 셋이다

수루에 홀로 서서 고시古詩 한 수 읊조린다
나면 보면 절주를 강요하는 여자
다행스럽게도 아직 현관이 조용하다

시총詩塚의 애상

아픔의 세월 님의 사랑은 영원한 약속
누가 슬픔에 향기가 없다고 했나요?

나의 눈물은 하늘을 가득히 흐르는
은하의 원천이 되어 당신의 영혼을 찾아
끝없는 항해를 시작합니다

우리 사랑 다시 만나는 그날
아름다운 애상哀傷은 전설이 되고
저 넓은 하늘을 언제나 함께 날아다닙니다

무덤이 아무리 허무해도 나는 서럽지 않아요
당신의 언약이 있으니까
온 세상 사람들 모두가 잊는다 해도
나는 기다릴래요

언젠가 시총 위에 봄꽃이 피는 날
언젠가 시총 위에 봄 나비 나는 날

그대는 기나긴 꿈에서 깨어
돌아오리라는 것을 나는 믿고 싶어요

***
시총詩塚 : 일명 시무덤. 영천시 자양면 하절에 있는 무덤으로
　　　　　임진왜란 때 전사한 젊은 선비의 시신을 찾지 못
　　　　　해서 시신 대신 친구들이 쓴 시詩가 묻혀있다.

커피 두 잔의 낭만

나는 외로움을 느낄 때면
항상 두 잔의 커피를 마신다

그러면 짙은 커피 향기가
당신과 내가 행복했던 추억 속으로
인도하기 때문이다

내가 외롭다고 말을 해도
당신은 외로움을 모르고
내가 외롭다는 말을 해도
추억은 외로움을 모른다

하지만 내가 말을 하지 않아도
한 잔의 커피는 내 마음을 안다
당신이 두고 간 외로움이 싫어서
두 잔의 커피를 마셔야 한다

나는 외로움을 느낄 때면
항상 두 잔의 커피로 외로움을 달랜다

초겨울 풍경

찬 서리 한바탕 뒤란에 내리더니
가지마다 새하얀 눈꽃이 피어난다

뜰 아래 국화는 가을 향기 갈무리하고
눈에 덥힌 산과 들은 설국을 건설한다

연정의 연잎은 삭풍에 신음하고
학산의 한그루 동백은 기지게를 켠다

기다리는 내 임은 계절을 잊었는데
희뿌연 기러기 떼만 자호천에 찾아든다

***
연정 : 작가 고향 영천시 선원리에 있는 정자
자호천 : 작가 고향 앞으로 흐르는 강

사랑도 그리움도 녹슨다

사랑은 저절로 오지 않습니다
영혼이 불꽃처럼 피어나야 사랑이 됩니다
아름다운 꽃이 저절로 피지 않습니다
천 년의 그리움이 지나야 꽃이 됩니다

사랑은 오다가 멈추지 않습니다
사랑은 그 끝을 알 수가 없습니다
꽃도 피다가 멈추지 않습니다
계절이 지나야 멈춥니다

그리움은 저절로 생겨나지 않습니다
사랑이 맺어진 후에 생겨납니다
아름다운 꽃도 시도 때도 없이 피지 않습니다
기나긴 그리움이 있어야 비로서 피어 납니다

내 안에 무성했던 사랑도
격정의 시간이 지나면 식어버리고
내 고통의 근원인 영원한 그리움도
오래 두면 녹슬고 만다는
사실을 저절로 알았습니다

그리움의 마법

비가 내리면
그리움은 비가 되고
강물이 흐르면
그리움은 강물이 됩니다

꽃이 피면
그리움은 꽃이 되고
단풍이 물들면
고운 단풍이 됩니다

낙엽이 날리면
그리움은 낙엽이 되고
눈이 내리면
하얀 눈이 됩니다

그래 그래서
나의 그리움은 끝이 없습니다

사랑의 진실

나의 사랑은 당신입니다

당신이 웃으면 사랑도 웃습니다

울고 있으면 사랑은 눈물입니다

당신이 아파하면 사랑도 아픕니다

절망에 빠지면 사랑도 절망합니다

사랑은 곧 당신입니다!

낙엽의 계절

이별의 시간은 멈출 줄 모르고
차가운 바람이 슬픈 노래를 만든다

어두운 달빛
흐느끼는 갈대
이별이란 단어 앞에
그대와 나 대책 없는 시간이 흐른다

못다 한 사연
남은 정이 너무도 아파
내 마음 달래지를 못하고
그대 앞에서 눈물만 자꾸 떨구고 있다

세월이 멀리 흘러왔습니다

그대가 그리워서
내 가슴은 찢어지고 말았습니다

밤하늘의 별은 아름답지만
북으로 간 기러기는 소식이 없습니다
가을바람이 얇은 옷자락을 들추며
차가움을 채웁니다

물빛이 반짝이는 다리 난간에는
가을벌레가 지쳐가고
나의 기다림도 자욱자욱 핏빛으로 물들어
지워지지가 않습니다

서러움 잊으려 술로 달래 보지만
그리움만 밀리고 밀려듭니다
아득한 하늘을 바라보며
그대 모습을 찾아봅니다

하늘길은 아득히 멀고 길어
나의 영혼이 날아가기도 고달픕니다

미련의 끝은

강 버들 사이로 구름이 내려앉는다
산과 들은 이슬비 속에 젖어든다

임이 돌아올 날은 아직도 멀리 있고
눈물이 강물 위로 방울방울 떨어진다

어찌하여 보잘 것 없는 맹세를 잡고
한갓되이 기다림에 목메어 우는가

사랑이 이미 떠난 줄을 알면서도
눈물 속에 허적이는 슬픈 혼만 잡고 있다

가을비는 내리고

가을비가 수척한 얼굴을 스치며 내리고 있습니다
임을 보낸 나루에는 서러움이 가득 남았습니다

길가의 비에 젖은 들국화 제 슬픔에 겨워서
향기마저 날리지 못합니다

임의 마음은 알 길이 없지마는
주룩주룩 내리는 비는 나의 마음을 아는듯합니다

돌아오란 말, 가슴이 메어 끝내 못했습니다
발길에 떨어지는 빗소리 차갑게 들려옵니다

망초꽃 당신

인적 끊어진 집 마당에는
그대 닮은 망초꽃이 자리를 깔고 앉았다

허물어진 담장 위로
세월이 주저앉아 하품을 하고
찢어진 양철 대문 위에
녹슨 우체통이 가슴 울린다

여기에 잊을 수 없는 그리운 친구가 살았다
한 시절 수많은 연서로
서로의 가슴에 사랑의 향기를 심었는데

이제는 별이 되어 은하수에 묻혀있는
곱다 한 얼굴이 아련히 흐른다

또 한세월 훌쩍 흐른 뒤에 세상 끝에서
행주치마에 두 손 훔치는 망초 닮은 그대를
숙명처럼 만날지도 모르겠다

봄날 꽃밭에서

어느 봄 밭에서
너라는 꽃 피울 수 있을까
어느 봄바람이
나의 제비를 실어다 줄까

노을 붉은 마을에
나는 따뜻한 저녁 별로 내리고
새하얀 꽃 가지로
그대는 내 가슴을 꼬옥 감싸 안는데
초록의 봄비는
나의 대지에 물빛 향기로 흠뻑 적신다

꿈꾸듯 바람이 언덕 너머 부는 날
그대를 기다리는 아름다운 정원에
나는 싱그러운 꽃망울로 봄 향연을 펼친다

3부

장미의 수모

애증의 기억

인연의 세월은 이미 생명을 다하고
우리의 운명도 아득히 시들어가고 있다

내가 사랑했던 꽃 한 송이는
지난밤 몰아치는 찬바람에 떨어져 버렸다

소중했던 사랑이 이젠 절망으로 변하고 말아
나는 끔찍한 슬픔에 몸부림을 친다

질곡의 세월을 벗으려 해봐도
인연의 족쇄는 돌고 돌아온다

남겨진 상처는 피할 수가 없는데
더 이상 나의 행복은 찾을 수가 없는가?

대책 없는 욕망

채우고 채워도
부족한 것은 갈증이다

태우고 태워도
타오르는 것은 관능이다

비우고 비워도
차오르는 것은 욕심이다

지우고 지워도
지울 수 없는 첫사랑 그녀다

막아도 흐르는 것은 눈물이고
늙으니 생각하는 것은 향수 뿐이다

비껴간 동행

바람을 만났다
남쪽에서 왔다고 동행을 요구했다
화려한 커튼 속 봄바람이 되었다

비를 만났다
연못을 찾아간다고 동행을 요구했다
연꽃에 촉촉이 내리는 비가 되었다

낙엽을 만났다
추억을 찾아간다고 동행을 요구했다
아무런 희망이 없다고 했다

갈등을 만났다
세상을 달라며 동행을 요구했다
눈물을 삼키며 이별을 노래했다

오작교의 꿈

21세기 견우와 직녀는 직분을 꿈꾸지 않습니다
까마귀가 흰색인지 검은색인지
구분하기 싫어하니까요
은하수에 있는 오작교가 오히려 꿈을 꿉니다

복숭아 꿈은 옛날 직녀의 전설이 되지요
5대조 할머니께서 셋째 딸로 태어날 때
꾸었다는 과일 꿈입니다
요즘 누가 힘들게 다산의 꿈을 꾸려고 할까요

지난여름에 푸른 꿈을 안고 동해바다에 갔어요
검은 파도가 흰 갈매기의 꿈을 모두 지워버렸어요
하늘 높이 힘차게 날고 싶었는데 말이죠

칠석날 고양이가 데려온 보헤미안 여인을 보았어요
기다리던 직녀는 아니었어요
수줍음을 잃어버린 그녀 아쉬운 꿈이었어요
그래도 오작교와 직녀의 꿈을 믿고 싶습니다

나도 산처럼 가슴이 탄다

목이 마르면 속이 타고 물이 생각난다
그때는 푸른 사이버 바다를 찾아간다
거친 파도 속에는 세상 갈증이 모두 사라진다

당신이 생각나면 까맣게 애가 탄다
새파란 하늘을 보면서 생각한다
이럴 때 소나기라도 한 바가지 마셨으면

어둠은 사람을 생각하지 않는다
부엉이의 눈과 박쥐의 날개만 생각한다
애꿎은 등불이 밤을 태우고 사라진다

가을 산을 오르며 느낀다
산도 나처럼 가슴이 몹시 타나 보다
온산이 붉게 타오르는 걸 보니

연정의 봄

어느 봄날 오후
오랜만에 고향에 있는 연정을 찾았다
아직은 성숙 되지 않은 푸르름이 반긴다

마루에 걸터앉아 무심히 밖을 보다가
문틀 위에 걸린 달력이 눈에 들어와서 보니
어제가 청명절이었다

화신은 한창 진행 중이다
대문 옆 개나리가 이해를 갈무리하고
목련 초롱 쓸쓸한 소멸 뒤로
담장 위 살구꽃 잔잎 소리 없이 떨어진다

유채밭에 아낙은 꽃잎을 따고
싱그러운 보리 위로 봄바람 스며드는데
연밭엔 톡톡톡 새잎 비집는 소리 들린다
며칠 뒤면 개구리 우는소리 연못에 수놓겠다

***
연정 : 작가의 고향에 있는 정자

사월의 역병 공포

이천이십 년 사월의 첫째 일요일 아침
이름도 생소한 코로나바이러스
무서운 병원체의 공포가 엄습한
서문시장 거리를 조심스레 나선다
인적이 없는 길은 구겨진 태양이 빛을 잃었다

검은색 비닐봉지가 바람결에
살아있는 생명체같이 휘적휘적 날아다닌다
전신주 아래에 누가 버렸는지 모를
찢어진 마스크 조각이 소름을 돋게 한다

상념을 깨트리는 경적이 울린다
급박한 구급차가 골든타임 환자를 싣고
건너편 코로나 거점병원으로 지정된
동산병원으로 쏜살같이 달려간다

머리 쭈뼛 올리는 공포를 달고 쫓기듯
사무실로 들어섰다
테이블 위에 켜져 있는 TV에서
코로나에 관한 속보를 띄우는 장면이 보인다
질병관리청 공무원들이 병균이 침투한
사람들의 숫자와 예방법을 꼼꼼히 설명하고 있다

하나의 생명이라도 더 구하고자 역투를 펼치는
의료 종사자들의 안타까운 모습도 보인다

내가 코로나에 걸릴 수 있는 확률이 얼마나 될까
1000 대 1 아니면 10000 대 1 쯤 될까?
나 역시 예외가 아니라고 생각하니 절망적이다

유일한 희망인 백신이 개발되기까지 몇 달 몇 년이
걸릴지 기약이 없다
안전한 거리를 두는 것이 최상의 예방책이다
하느님 이 끔찍한 시간이 빨리 지나가게 하소서
마음속으로 기도를 드린다

출입문을 닫고 TV를 끄며 돌아선다
파도 같은 마음을 가라앉히려 책장 속에서
시집 한 권을 꺼냈다

화신이 내려올 때면

봄볕에 강나루가 출렁거린다
살구꽃 그늘에 새끼고양이가 졸고 있다

아지랑이 풀빛 속에 숨어 오고
그대는 청보리 사잇길로 뻐꾸기를 데려온다

짓궂은 바람 민들레를 애무하고
춤추는 종달새 구름을 뚫고 사라진다

연정의 뜰 아래 맺힌 이슬에
나리꽃 사락사락 나신을 씻는다

그대가 봄소식 실어 올 때면
덕동댁 조야 아가씨가 생 몸살 앓는다

***
연정 : 시인 고향에 있는 정자

봄비의 추억

봄비가 톡톡 밤을 두드린다
이틀 후면 청명절이다

지금쯤 말라있던
미곡 도랑의 물이 교향악을 만들겠다
버들개지 한 입 베어 물면 봄 내음 화사하겠다

첫 골 밭 100그루 복숭아꽃 활짝 피고
선산에 첫사랑 얼굴 같은 진달래도 한창이겠다

내가 어린 시절 이맘때쯤 동네 아가씨들
화전놀이에 빠져 해가는 줄 몰랐다

함계정 비에 젖은 참살구꽃
조양대 돌길 위에 가득 떨어져 있겠다

***
함계정 : 시인 고향에 있는 정자
조양대 : 함계정 아래에 있는 바위 절벽

봄을 기다리는 이유

내가 봄을 기다리는 것은
오직 살구꽃이 좋아서다

내가 살구꽃을 좋아하는 이유는
살구꽃 지는 모습이 슬프기 때문이다

살구꽃이 슬프게 지면
내 마음도 슬퍼진다

슬픔은 원래 나의 것이기 때문에
내가 살구꽃의 봄을 기다리는 것이다

당신이 그랬던 것처럼

저녁노을 곱게 물들 때
내 곁에 있는 줄 몰랐습니다

봄비가 서럽도록 내리는 날도
참꽃이 활짝 필 때도
가을 낙엽이 빨갛게 물들 때도
당신이 내 곁에 있는 줄 몰랐습니다

당신은 고백했습니다
언제나 내 곁에 있었노라고
그때 처음 알았습니다
그 뒤로 우리는 행복하게 서로의 곁에 있었습니다

하지만 당신이 가고 난 뒤에는
당신이 보고 싶어 죽도록 기다리려 합니다
당신이 그랬던 것처럼 말입니다

겨울비는 추억을 부르고

철없는 겨울비 억수 같은 날
지난날 애틋한 사랑이 알알이 묻혀있는 곳으로
그대가 생각나 감포의 밤바다를 찾았다

검푸른 파도가 방파제 위로 날아오르며
거친 욕망 토하며 울부짖고 있다

그대를 닮은 연약한 빗속 가로등 불빛이
소나무 가지 사이로 오들오들 떨고 있다

차 안에서 홀로 듣는 라디오의 모든 노래는
마디마디 상처와 이별의 사연들 뿐이다

비에 갇힌 길손의 짙은 고독에도
물먹은 밤은 추적추적 어김없이 깊어가는데
있어야 할 사랑은 없고
있어야 할 너는 보이지 않는다

늦은 귀향

누추한 옷자락에 봄빛이 어지럽힌다
길가에 들꽃들이 길손을 유혹하고
파란 하늘가로 양떼구름 유유히 흐른다

이십 년 이별이 순식간에 지나가고
그리운 사람은 모두가 떠나버렸고
회한이 천만 가닥 아픔으로 다가선다

청춘의 욕망은 어설픈 행로의 뒤안길이었고
짧은 인연은 꿈같은 세월의 눈물이었지
명리는 허무한 영욕의 굴곡진 인생극이었다

늘그막에 돌아온 허물어진 고향 집
부서진 사립문은 반쯤 닫혀 쓸쓸한데
활짝 핀 살구꽃이 주름살을 어루만진다

침묵의 이유
- 1990년 추석 이야기

내일은 추석날이다
부모님 계시는 고향을 향해 아내와 길을 나섰다
간선도로에서 장거리 버스를 내린 우리는
아홉 살 사내아이의 손을 잡고 천천히 걷는다
뒤를 따르는 여섯 살 딸아이를 업은 아내는
나의 행동에 불만이 많다
하소연인지 불만인지 가는 내내 투정이다
초라한 귀향 모습이 불만이었으리라
앞으로 얼마 동안 잔소리에 시달릴 각오를 한다

아내와 나는 결혼 10년 차다
추석이나 설이 다가와 교통이 열악한
고향집을 찾을 때면 가끔 이런 환경에 접한다
나는 죄인처럼 아무 말도 못하고 걷고만 있었고
그녀는 볼멘 모습으로 어기적어기적 따라온다
들으라고 구시렁대는데
나는 대답을 할 수가 없었다
아니 말하지 못했다
그녀가 하는 소리라는 것은
도무지 알아들을 수도 이해할 수도 없는 것으로
처음 들어보는 외계어가 이런 말일까!

언 듯 바람결에 실려 오는 향촌의 향기가 좋다
이 가을이 실어 보내는 계절의 내음일까!
석양이 가슴을 적시며 붉은 물결을 이룬다
그녀는 여전히 책망의 잔소리를 늘어놓는다
그래도 침묵하며 삼십 분을 걷고만 있다
아직도 더 자갈길을 걸어야 고향 집에 도착한다
과수원 그늘로 스며드는 바람이 제법 선선하다

***

ps : 이제는 사랑하는 부모님 두 분이 모두 귀천하시고 오늘은 십사 년 전에 돌아가신 선친의 기제 날이다.
그래서 백형께서 계시는 고향집을 찾아간다.
지금은 혼자 나서는 승용차 안이다
육십 대 후반인 아내는 눈병을 얻어 수술한 직후라 거동을 할 수가 없다.
하지만 아내의 잔소리가 없으니 조금 허전하다.

장미의 수모

누구나 무덤으로 돌아갈 때는
그럴듯한 관棺 하나는 가지고 가는 것이 관습이다
상식이 처절히 무시된 주검이 있다
곡직의 사유가 필요 없이 처참히 버려진 나는
꽃의 여왕

어제 어마어마한 크기의 샹들리에 밑으로
음악이 잔잔히 흐르는 분위기 속에
수많은 축하객들이 떠드는 홀이 있었다
그 중심에 난 흰색, 파란색 친구들에 둘러싸여
빨간 모습으로 의젓이 자리하고 있었다
보기에도 그런 내 모습이 정말 아름다웠다

은은한 클래식 피아노 선율 뒤로
카메라 플래시가 터지고 박수 소리를 끝으로
몹시도 실망한 모습의 검은 드레스 여인이
갑자기 나를 들어서 내 뜻과 상관없이
뒤쪽 벽을 향해 휙 던져 버렸다

순간 얼굴이 벽에 짓이겨져 의식을 잃었다
시간이 흐른 뒤 악취 속에 깨어난 내 모습은
찢어진 상처에다 멍이 검게 들어 있었다
말로 표현할 수 없는 피폐 자체였고
그곳은 동료들과 뭇 주검이 널브러져 있는
쓰레기통 안이었다

오직 붉은색 밖에 모르는 나는
사람들이 꽃의 여왕이라고 한 말을 순수하게
그대로 믿었다
연인들이 탄성과 함께 입맞춤으로 다가올 때
청혼을 받을 때 오솔레미오와 함께
늘 주인공이었다

그러나 주역이 끝나 쓰레기통으로 버려지는
처참한 모습이 꽃의 본질이라 하여도 억울하다
폐잡지 한 조각이라도 두르고
잠들고 싶은 것이 조그만 소망이다
그런데 소임과 역할이 끝난 주검에게는
그것마저 사치일까?

관능과 욕망의 그림자

개념을 상실한 그림자가
나의 뇌리를 불꽃처럼 점령한다
불꽃은 자신이 뜨거운 줄은 전혀 알지 못한다

주변이 몽땅 타서 폐허로 변해도
오직 붉은 그림자를 자랑이나 하듯이
지나는 바람을 꼬리 춤으로 유혹할 뿐이다

바람은 자기가 나쁜 바람인 줄은 전혀 알지 못한다
외롭고 힘겨워하는 꽃잎을 흩으면서
그림자도 없는 허망을 부채질을 해댄다

시계視界 제로,
관능과 욕망으로 빚어진 괴물 같은 그림자는
비정상으로 상식이 절개된 심장 속으로 질주하고
희생을 경험한 이성이란 그림자는
진실의 씨앗을 찾으려 몸부림친다

미망迷妄의 혼돈 속에 나는 그림자도 없고
또 다른 나를 찾는 그림자만 우울하게
웅크리고 앉아 있다

청야 淸夜

미인의 눈썹달이
강 버들가지 위에 졸고

갈대가 훌쩍훌쩍
짓궂은 저녁 바람에 가끔씩 울먹인다

맑은 단오 밤의 고요함이
또 다른 맛으로 다가올 때

수줍은 창포 꽃잎에는
보석처럼 은하의 별빛이 숨어든다

수선화

꿈이 퇴색된 벼랑에
고된 밤을 참아가며
자괴에 괴로운 한 송이 수선화가
아플 줄은 몰랐습니다

메말라 틀어진 시간
얼룩진 공간 속 처절한 여인의
눈물 일 줄 몰랐습니다

겨울바람 몰아친 바다
거친 파도에
방향타를 잃어버린 조각배 하나
이토록 근심일 줄 알지 못했습니다

영혼이 하얗게
빗물처럼 젖어 드는 이 밤
당신의 슬픈 모습이
가슴 깊이 사무칠 줄 몰랐습니다

화석이 되어버린 초상

낙엽이 지는 날은 내 노래 끝나는 날
지나간 그 시절이 무심타 생각해도
한마디 대답도 없이 떠나버린 야속함

기러기 찾아오면 눈물이 샘솟는 밤
옛 추억 지우려고 낙엽 밟고 가지만
달밤 국화 송이 송이에 너의 영상 맺힌다

한세월 훌쩍 지나 우연히 비쳐 보니
강물은 여전한데 화석 된 나의 초상
저 달 보며 맺은 맹세가 강물 되어 흐른다

용서

금빛 욕망에 침몰했던 인간이었습니다
사악한 눈빛을 가진 냉정한 인간이었습니다
이젠 진실한 사랑을 찾으려 합니다

내 헌 가슴으로
당신에게 이제야 진심으로 다가가려 하니
부디 받아주소서

죄의 멍에에 쇠사슬로 꽁꽁 묶인 불결한 자가
순결한 당신의 발을 더럽히고 괴롭혀도
받아주시렵니까

나의 간절한 부탁입니다
부디 용서하소서

특별한 벗

그는 노을을 보면 와인이 생각나 나를 찾는다
보름달이 뜨면 막걸리가 생각나 나를 찾는다

그저께는 노을이 붉은데도 조용하였다
어제는 보름달이 떴는데도 소식이 없었다

오늘 저녁에는
괜스레 걱정이 된 내가 그를 찾았다

그는 두 눈에 난 다래끼가 솥뚜껑보다 크고 심해
노을도 보름달도 못 보니 갈 수 없었다고 한다

기이한 표정을 짓는 그를 뒤로
쑥스러운 내가 발걸음을 옮긴다

그대 생각

살구꽃 날리는 길을 걷는다
초저녁 바람이 차갑다
놀란 새들은 어둠 속을 가르며 날아간다

나뭇가지 사이 차가운 별들만큼
기쁨보다 아픔이 많았던 너와 나

상처로 얼룩진 지난날
애틋한 사랑이 아니라 해도
거친 세월은 눈물을 강요했었다

외로운 봄밤을 참는다고 해도
그대 없는 아침이 더 서러울 것 같다

4부

그대의 숨결을 그리며

핑계

또 그대에게 가지 못합니다
올해는 죽는 일이 없다면
꼭 가리라고 다짐했는데

작년에도 핑계가 많아서 가지 못했고
재작년에도 사정이 있어 가지 못했습니다
그런데 무슨 사정이 있었는지 생각나지 않습니다

올해마저 갈 수 없다면
당신을 영원히 잊어야 할지도 모릅니다
내년에는 당신을 잊지 않기 위해서라도
꼭 가리라 생각합니다

또다시 갈 수 없는 핑계가
가득 생길지도 모릅니다만

가을밤

가을빛은 가슴속에 등불을 사르고
상처는 이별의 슬픔을 토해냅니다

무심히 돌아앉아 바라보는 적막에
단풍잎만 바람 따라 울며 떨어집니다

한 조각 그리움 방안에 찾아오면
그대와 추억 잊을 수가 없습니다

밤 벌레가 곳곳에 시름을 그려 놓으면
퇴색되어 타버린 임 그림자 새깁니다

외로운 강변 집

외로운 강변 집에
해는 아직 어둡고
병든 몸 힘겹게
찬 벽에 기대본다

어젯밤 거센 바람
불면을 만들더니
떨어진 단풍잎이
마당에 가득하다

지난 봄 떠난 사람
돌아올 줄 모르고
기다리는 순간순간
아픔으로 살아난다

영일만에서

파도가 울고 있는 저녁 바닷가
우두커니 바라보니 갈매기만 날고
그대는 어둠 속에 자취 없이 사라지고
가로등 비에 울고 찬 바람 얼굴을 스치네

추억은 불꽃처럼 지울 수가 없고
그리움이 차곡차곡 가슴에 쌓이고
나목 끝에 안개는 차갑게 흐르는데
적막한 밤 상처를 달랠 길 없네

고성의 살구꽃
바랜 약속 가슴에 앙금으로 엉기고
봄바람 밤 비속에 시름을 낳고
병든 몸 어둠 속 머물 곳 없는데
황성의 살구꽃 끝없이 떨어지네

조락**早落**의 고목에서 까막새가 울고
다시 찾은 우물가는 임은 흔적이 없고
메마른 돌담길에 가로등 고달픈데
상심에 흐르는 눈물 옷깃을 적시네

보문호에서

단풍빛 가을이 곱게 흐르는 보문호
종일 창가에 앉아 옛 생각에 잠긴다

추억은 말없이 상념 속에 돌고 돌 때
갈잎은 물결 사이로 안개 되어 부서진다

옛 임은 너무 쉽게 그 약속 잊었는데
나만은 그날을 영원히 잊을 수가 없다

허전한 가슴속에 쌓이는 그리움
추억도 아쉬움에 흘러가지 못한다

이별 후에

떠나는 바람 뒤로 낙엽이 울고 있다
운명의 끝자락이 눈물 조각뿐

소리도 숨어버린 앙상한 머리 뒤로
죽도록 불러봐도 시공 침묵뿐

그리움 하도 깊어 등불도 울고 있다
지워도 다가오는 미련 한 줄기뿐

아득한 안갯속에 헤매는 달그림자
행여나 다시 봐도 꿈마저 부서져 있다

울어라, 가을밤아

삽삽한 가을밤 찾아오면
그대 못 잊어 가슴이 웁니다

낙엽 한 잎 섬돌 위에 구르면
대문 옆 가로등 빛을 사립니다

달빛이 창가를 물들이면
가을벌레 밤을 서럽게 울리고
베갯머리에 눈물 겹겹이 젖어듭니다

오늘도 너를 찾아 꿈길 헤매지만
파도처럼 달려드는 그 밤의 맹세가
내 생의 족쇄가 되어 혼불로 태웁니다

지독한 사랑

인연因緣이란 모르지만
그대 마냥 그리운 것을 나는 압니다

정情이란 모르지만
그대가 마냥 보고 싶은 것은 나는 압니다

사랑이란 모르지만
그대가 마냥 좋은 것은 나는 압니다

비록 한 평생 못 볼지 모르지만
그대를 기다려야 함을 나는 압니다

실낱같은 추억은 먼지 속에 있지만
애틋한 정이 깊어 울지도 못합니다

가슴에 새겨진 그대와의 맹세가
서럽도록 그리워 이젠 죽을 수도 없습니다

형산강가에서

그대 찾은 강변에 노을이 지고
긴 세월 돌아서 가끔 부는 가을바람이
성근 머리카락 흩으며 지나간다

떼지어 날아가는 기러기
연약한 초승달 얼굴을 가리고
기울어진 가로등에
북극성이 바랜 사진처럼 아스라이 걸려있다

꿈도 환상도 사라진 곳에
삼십 년 세월이 물길마저 바꾸어 버렸고
지난날 임의 모습이
가슴 깊이 송곳으로 다가선다

이별

그대 떠나고 나니
눈물이 한 동이는 흐른다
창밖의 가을마저 저물어 가고

남은 미련은 가슴에 돌이 되어 맺히고
스치는 밤바람이 꿈마저 달고 간다

눈물이 난다, 그대 생각하니
가슴 아프다, 슬픈 내 모습이
쓸쓸한 가을 낙엽이 다 떨어지고나면
그때는 어쩌나?

그대 저만치 멀어져 가는데
시간은 멈추지 않아 그저 바라만 볼 수밖에 없네

그대 숨결을 그리며

그리움이 깊어지면
마음은 퍼렇게 물들고

계절이 깊어지면
낙엽은 빨갛게 물든다

기다림이 길어지면
가슴은 까맣게 타버리고

시름이 길어지면
머리카락 하얗게 물든다

사문진 나루

석양이 장미꽃 넝쿨에 내리는
적막한 선착장
임 실은 배 흔들리는 물결 위로
찬 바람이 지나간다

앙상한 가슴
눈물 젖은 얼굴 황혼에 붉게 물들고
날리는 갈대는 마음을 아는 듯
옷소매를 잡는다

떠나지 말아요
버리고 가면 안돼요
흘리는 신음 속으로
무정한 그대가 흘러간다

당신이 없으면 내 삶은 없어요
마음 달랠 곳도 없어요
울고만 싶어요
울고만 싶어요

늙은 아내의 귀를 보았다

아침에 슬며시 늙은 아내의 귀를 보았다
오늘은 꽉 찬 중년인 63번째 맞이하는
아내 생일날이다

질병의 무게 이기지 못해 혼자서 하는 푸념인지
나에게 전하는 하소연인지 모를 외계어를
아내는 연신 뿌려 댄다

아아아야야

비명에 이어 아내가 파스 두 장이 겹쳐져 있는
본인의 야윈 허리를 보여준다
생산지 불명인 거친 복대가 든든한 희망인 아내

인고의 수십 년 세월 속에
가족들 뒷바라지를 위하여
허리 병을 천명인 양 달고 사는 아내

고귀한 아내가 귀빠진 오늘
순고한 희생에 보답하는 마음으로
빨간 장미 한 송이를 바친다

사라진 겨울 장미

아침에는 분명히 있었다

섣달 초삼일
출근길에 보았던 이 계절에 흔하지 않은 모습
겨울에 피어있는 검은 색이 짙은 한 송이 장미꽃이
내가 사는 아파트 담장 울타리 사이로 넘어와
나를 향에 소담하게 미소를 짓고 있었다

퇴근길에는 없다
장미꽃이 없어졌다
한순간 뇌리를 휘감는 실망에 이어
누가 나에게 작은 아쉬움을 안겨 주었을까
약간의 허탈이 발길에 차인다

조락의 슬픔

시월 말의 한가한 오후
함계정涵溪亭에 좌정하고 앉으니
창밖 이슬비 부슬거리고 하늘은 회색빛이다

일각문 건너편 사백 년 된 은행나무 고목이
비에 젖은 칙칙한 물빛 계단 위로
노랗게 물든 낙엽을
한 잎 한 잎 조용히 떨어뜨리고 있다

아름다운 단풍은 가을을 알리고
떨어진 낙엽은 가을이 깊어짐을 알려준다
초가을에는 가지가 생기가 넘치지만
잎은 서서히 오색으로 물들어 간다

어떤 잎은 노랗게 변하기도 하고
또 어떤 잎은 반쪽이 홍색으로
반쪽이 갈색으로 보이기도 한다
홍색과 갈색 간에 또 다른 운치가 있다

은행잎은 황금빛을 띤다
단풍이 붉게 물들고 자연 만물이 채색되어
빛나고 있지만
가을바람이 몇 번 지나가자
산과 들의 나뭇잎은 떨어져 버리고
생명력이 강한 잎들만 끈질기게 매달려있다

송원제松源祭앞의 은행나무도
절반은 낙엽이 되어 떨어져 쌓이고
남아있는 황금잎들은 이슬비 저격에
치열하게 버틴다

***
함계정 : 시인 고향에 있는 정자
송원제 : 시인 고향에 있는 제실

날아간 바람새

어느 날
나의 눈을 매우 닮은 그댈 보았다
눈이 닮은 우리는 행복한 축복 속에서
내일을 약속했다

어느 날
눈물 속에 그댈 보냈다
내 눈을 닮은 한 마리 바람새는
머나먼 하늘길로 날아가 버리고 말았다

어느 날
나는 눈빛을 잃었다
나의 눈을 닮은 그댈 잊는다는 것은
죽음보다 더 큰 아픔이었다

아 가을빛 사랑이여

두리봉 원두막에 앉으니
청량한 가을날 정취가 뚝뚝 흐른다
황금빛 풍요로운 대지 위에
무성한 격정을 이겨낸 청춘의 결실
한 폭의 수채화가 향기를 품었다

평화로운 시골길을 따라가면
훌쩍 자란 수숫대 위의 흔들리는 고추잠자리
미곡 도랑의 좁다란 논둑길을 걸어가는
섬세한 발걸음의 사춘기 소녀가 마음을 졸인다

춤추는 아주까리 사이로 불어오는 시원한 바람
아롱지는 들국화 미소 너머로
곱다 한 노을이 황금 물감을 뿌려놓고
꿈꾸는 시월의 사랑도 농익어간다

향수 鄕愁

돌아가리라
내 빈손에 낡은 옷자락 일지라도
마냥 돌아가야만 하는
그곳 나의 고향집으로

돌아가리라
자호천의 햇빛 반짝이는 하얀 모래
물결 따라 일렁이는 풀잎
맑은 강물에 뛰어들어
내 서러운 타향의 때 씻어내리라

맑은 조각달과 비단 바람
뒷뜰 송내의 황금물결 속에
내 지친 마음 위로받으며 살리라

무심한 세월 속
잡초 가득한 마당과
비록 담장이 허물어지고
바람이 지나다니는 빈집이라도 좋아

정다웠던 시간 속에
빛나던 너의 고운 눈망울이
잊을 수 없는 그리움이 되어
내 가슴 속에 불멸의 혼으로 남아있다

돌아가리라
그리고 다시는 잊지 않으리라
그대와의 추억
나의 생이 끝나는 날까지

***
자호천 : 시인 고향에 있는 강
송내 : 시인 고향 큰 산소 뒤의 옛 이름

가슴 설레는 가을풍경

릴케의 간절한 가을
반첩여班倢伃의 두려운 가을이 주는 허무와 공포
이백의 자야오子夜吳의 가을 달도
가련한 연민의 정을 흠뻑 느끼게 한다

시인 주숙정의 갈망처럼
봄을 따라가고 싶은 심정과 같이
이 가을을 따라가고 싶은 마음 간절한데

뭉게구름 흐르는 석양의 하늘가에 가득 피어나는
코스모스 꽃잎을 애절하게 바라본다

가을이 오면 가끔 그리워지는 추억의 저편
철없던 소녀가 보내온 일기장 속 곱게 끼워진
은행잎이 가을과 함께 아름다운 영상으로 남는다

***
두리봉 : 작가의 고향집 앞산
미곡 도랑 : 원두막 밑으로 흐르는 개여울
반첩여 : 중국 한나라 성제의 후궁
이백 : 당나라 시인
주숙정 : 송나라 여류시인

낡아버린 임의 선물

그대의 한 벌 옷깃 위에
퇴색된 허무가 정점을 향하여 흘러갑니다

슬픔이 내뱉는 짙은 외로움은
싸늘한 이별의 영혼 되어 남습니다

긴 세월 지워지지 않는 아픔의 기억도
버릴 수 없었기에
낡아버린 소매에는 아직도
임의 입김이 머물러 있습니다

덧없는 생애가 다시 돌아와
나의 모습이 죽은 나목이 된다 하여도
애틋한 우리의 만남은 영원하리라 믿습니다

그대가 주고 간 마지막 선물
서러운 옷깃에는 아직도 촉촉한
임의 눈물 자국 깊게 배어 있습니다

상처 난 가을 벤치

당신의 미소가
향기처럼 흐르던 공원길은
상처 난 가을이 깊어져 있습니다

우리가 머물던 벤치엔
낙엽만 겹겹이 앉아 있고
공연장 가득히 쏟아놓는 저녁노을은
찌그러진 의자에 눈물 되어 굴러갑니다

바람에 스치는 낙엽 소리는
당신의 발자국 소리 같아서
가슴 졸여 한없이 바라봅니다

망각의 저편으로
당신을 기다리는 나의 수척한 눈동자는
아득한 기억 속을 맴돌고 맴돕니다

5부

시선이 꿈처럼 머무는 곳

시선이 꿈처럼 머무는 곳

사랑의 서약이 따사로운 날에
눈 부신 햇살이 푸른 초원 감싸고

상큼한 바람 한 줄기
가슴 위를 살래살래 흔들고 지나간다

그대의 심장 속에
짙은 핑크빛 향기 전할 때

청아한 새의 노래 따라
고요히 바라보는 보석 같은 눈망울

화사한 웃음꽃처럼
황홀한 나의 시선이 꿈처럼 머무는 곳

님의 어깨에는
무지갯빛 고운 햇살이 물결처럼 피어난다

슬픈 영혼

향촉을 사른다
길잃은 영혼은 흐느끼고
토막 난 휘장 속으로 두려움이 밀려온다

허멀건 님의 낡은 옷자락이
만장 되어 향연 속에 딩군다

쓰러지는 상여집 귀퉁이
말라버린 이끼 속으로
검푸른 아지랑이 몰래 숨어들고

밤새 잠든 버드나무 가지 위로
까치집이 귀신처럼 매달려있다

거친 들판에 갈색 태양이 사라지자
선홍빛 나의 사랑도
낙엽처럼 떨어져버린다

아득히 먼 서천길에
슬픈 영혼은 머뭇거리고
향로에 잔향만 쓸쓸히 흩어진다

주신酒神의 노욕老慾

동내 마트 한구석에
현금지급기
지급카드 삽입
출금에 관한 지시어
취기 중에 듣는 상냥한 여인의 교태 어린 음성
요술방망이처럼 나타났다 사라지는 숫자 위에
혼신의 시력을 기울이며
가쁜 숨을 몰아쉬듯 충혈된 눈동자가
부풀어 오른다

언뜻 스쳐 가는 기억 속의 공포
어젯밤 한없이 즐긴
주신들의 만찬을 위한 유쾌한 과욕이
현실이 아닌 증강 현실일 뿐이라고
순수한 사랑을 갈망하듯 기도해본다

시선은 또다시 모니터 속의 자판을 응시한다
스르르르 철컥 소리 내며 입을 벌리는
딸랑 금색 신권 한 장이 전부인 화폐 지급기
허전한 지폐 출구에 찬바람이 이는 것은
나의 탓이 아니라
순전히 당신들 때문이라고 투덜대본다

변명으로 한껏 자위해야 당연하다는
애틋한 내 모습 속에
지난밤 비어버린 통장 잔액이 현실임을 자각하고
돌아서는 체념의 발걸음은
그로부터 시간이 한참이나 지나간 뒤였다

오월의 정원

여왕의 정원에
해당화 한 송이 피웠습니다

연못에는 아름다운 향 풀을 심었지
그러면 임은 봄을 알겠지요

파란 하늘에 하얀 구름 조각 그렸지
그러면 임은 고향 생각 하겠지요

담 밑에는 앵두꽃 붉게 피웠지
그러면 임은 내 모습 그리겠지요

우물가 실버들이 산들바람 실었지
그러면 임은 나의 노래 듣겠지요

고요한 밤하늘에 조각배를 띄웠지
그러면 임은 날 찾아오겠지요

여왕의 정원에
해당화 한 송이 피웠습니다

꿈이었으면

밤비는 그대가 감춰놓은 천사의 미소
어느덧 나의 투박한 손등을 흠뻑 적시고
어렴풋이 들리던 웃음소리도
누추한 귓가에서 잦아들고 있다

희미한 우산 속 그림자
천둥처럼 여린 가슴을 단숨에 무너뜨리고
절망에 젖어버린 초점 없는 눈동자가
하얗게 바래버린다

목젖에 흐르는 독한 액체는
가물거리는 영혼을 열락으로 이끌고
망각을 동반한 황홀경 속에 묶어놓는다

붉은 실루엣
어느새 자신을 잊고
혼돈과 어울려 멀어져간다
비 갠 아침이 되어도
나의 난새는 돌아오지 않았다

산창을 여니 천국이네

봄의 산창을 열면
바람난 꽃잎이 날 유혹하러 오기도 하고
꿈길에는 나비를 만나기도 한다

녹음 짙은 산창은
빗소리 속에 흔들리고
밤 깊으면 애절한 소쩍새가 찾아온다

가을 창을 열면
낙엽이 추위에 울기도 하고
닫으면 바람이 투정을 부리기도 한다

겨울밤 달빛은
반짝이는 보석이 되어
호젓한 창가에 하얗게 뿌리며 서 있다

봄비

봄비가
내 눈동자 속에 아득히 말라버린
눈물 한 방울 살짝 훔쳐서

봄이 오는 연못 속에 가득히
동그라미 하나를 만들었네

봄비가
내 심장 속에 깊숙이 숨어버린
추억 한 톨을 살짝 훔쳐서

홀로 놓인 찻잔 위에 살며시
얼굴 하나를 그렸네

봄비가
내 배꼽 속에 차갑게 식어버린
정열 한 올을 가만히 발라내어

촉촉한 눈망울 위에 어여쁜
수선화 한 송이를 피워 놓았다

그리운 그대에게 가는 길

나는 그리움을 만나려 길을 나섭니다
당신의 그리움이 나를 만나줄지는 모릅니다

당신이 그리운 건 아닙니다
당신과 함께했던 그 밤이 그리운 것입니다
당신과 함께 마셨던 그 술잔이 그리운 것입니다

그렇습니다
함께 걸었던 에메랄드빛 해변과 백사장
그리고 폭설 속에서 고립되었던
이름 모를 오지마을이 그립습니다

그렇습니다
손잡고 걸었던 야생화가 만발한 한적한
봄의 시골길과
가을 낙엽이 비처럼 쏟아지는
작은 공원 벤치에서의 약속이 그리운 것입니다

그렇습니다
얼굴을 마주할 때 그 얼굴이 그립고
함께 이야기할 때 그 이야기가 그립습니다

한 잔의 커피를 마실 때 그 커피가 그립고
함께 영화를 볼 때에 그 영화가 그립습니다
당신이 그리운 건 결코 아니었습니다

그러나 이제는 모두가 소용없는 것이 되었습니다
지금 내가 그리운 것은 바로 당신이기 때문에
이 순간 당신을 만나려 한 걸음 길을 나섭니다

소녀를 울리는 봄

하얀 구름 한 조각 흐르는
담장 안에 복사꽃 한 그루

눈부신 봄의 햇살은 참을 수가 없어
연분홍 향기를 살짝 흘렸다

한 소녀가 슬픔에 젖어
복사꽃 지는 그늘에 목놓아 울고 있다

꽃이 묻습니다
"이유가 뭐냐고"
그녀는 말한다
"사랑하는 꽃과의 이별이 가슴이 아파"라고

그녀의 눈물은 어느새 빗물처럼 흘러 내린다
태양마저 슬며시 구름 속에 숨고 말았다

꽃잎은 고통을 잊은 체
그녀를 위하여 제 살 하나 똑 떼어
나비처럼 날려 보낸다

그러다 그러다
아낌없이 떼어낸 수많은 꽃잎은
슬픈 눈물과 함께
끝없이 끝없이 떨어져 날린다

소녀를 울리는 봄은
이렇게 아프게 가나 보다

미완의 사랑

외로운 여심女心
우수憂愁에 젖어

짙은 노을 내리는
강변을 향해 터덜터덜 걸어간다

소멸하는 밤의 향기는
미완의 첫사랑을 아는지 모르는지

초췌하게 시들은 검은 입술을
눈물로 덥는다

물결이 잠드는 적막한 강변에서
외로운 여심은 하염없이 울고 있다

너의 미소

너의 미소는 나에게 환희를 가져다준다
하지만 그런 너는
때로는 슬픔을 주기도 한다

그대를 느낄 때 내 가슴을 뛰게 된다
이것이 내가
그대를 사랑한다는 증거일까!

때론 당신의 무심이
나를 너무나 아프게 하니
이것은 바로 사랑의 고통일까!

사랑은 달빛처럼
내 눈동자를 황홀하게 하고는
다시 어둠 속을 헤매게 한다

사랑하는 당신과 원망스러운 당신이
함께 내 가슴속에 공존한다

당신의 미소가 있는 한, 나의 사랑은
항상 맑은 하늘처럼 영원할 것이다

첫눈의 얽힌 첫사랑 이야기

첫눈이 고요히 내리는 순수의 시간
창밖을 바라보다가 옛 추억들을 만난다

지난 시절 첫눈의 얽힌 첫사랑 이야기들이
유리창 스크린에 줄줄이 소환된다

애절함도 모르고 깊이도 알지 못했던 시절
설렘만으로도 행복한 환희가 충만했던 시간

순간순간 해맑게 미소 짓던 그녀는
내 곁에서 너무도 멀리 멀어져 있고

지금은 추억의 눈꽃으로 소환이 되어
하얀 목소리로 생생하게 다가와 눈물짓는다

첫눈이 내릴 때면 항상 떠오르는 기억들은
이제는 증발해버린 향수가 되어 허전하다

추억의 허전함만 가져다주는 첫눈은
창밖에서 무심하게 속살거리고 있다

고향의 진달래꽃

일곱 살에
뒷산 진달래꽃
아버지 나뭇짐에서 춤추는 예쁜 나비

열아홉 살에
뒷산 진달래꽃
한 다발 가득 안기는 서약의 증표

마흔 살에
뒷산 진달래꽃
어머님의 외로운 무덤에 드리는 헌화

예순 살에
뒷산 진달래꽃
애달프고 서럽게 소천한 임의 넋魂

고향집
- 그리운 어머니 계신 곳

조각구름 피어나는 푸른 언덕 너머로
작은 산촌의 집은 어머니 계신 곳

돌아가고 싶은 고향집
눈만 뜨면 생각하네

보고 싶은 산촌
보고 싶은 풍경
보고 싶은 어머니

언제나 두둥실 떠오르네
나의 꿈속에

실개천 여울목 돌아
잔잔히 전해 오는 꽃내음

나의 임은

나의 임의 어깨 위에는
파아란 창공이 달려있습니다

얼굴 위로는
하얀 구름 한 조각이 찾아듭니다

붉은 입술에
고운 단풍잎이 입맞춤합니다

커다란 눈동자 속에
오색 무지개가 피어납니다

눈부신 옷자락은
향기로운 날개입니다

나의 임은 청순한
나의 가을 하늘입니다

영혼이 아름다운 꽃

가슴 깊숙이 그대 눈동자 담아 봅니다
함초롬 순수의 눈망울 부끄러움이 묻어나는
당신은 참 고운 사람입니다

봄 햇살 같은 그대 얼굴을 바라봅니다
바람에 떨어지는 꽃잎이 서러워 눈물 흘리는
당신은 참 정이 많은 사람입니다

진줏빛 감도는 손을 가만히 잡아 봅니다
따뜻한 감촉이 사랑을 불타오르게 하는
당신은 참 뜨거운 사람입니다

한 송이 백합 같은 그대 모습을 그려봅니다
나의 영혼을 순결한 작은 가슴에 담아내는
당신은 참 은혜로운 사람입니다

청순의 향기가 있는 그대 마음을 느껴봅니다
산야의 어느 꽃보다도 고혹한 향을 발산하는
당신은 참 고운 사람입니다

행복이란

기다림만으로 꽃이 필 수 없고
기다림만으로 나비가 되지 않는다

그대와 내가 부둥켜안고 목 놓아 울 수 있을 때
그때 비로소 우리의 생애가
아름다운 꽃이 되고 나비가 되리라

그리움만으로 비로 내릴 수 없고
그리움만으로 눈으로 내릴 수 없다

그대와 나는 작은 호롱불 하나 밝히고
따듯한 차 한 잔에 입술 마주 나눌 수 있을 때
아름다운 비가 되고 행복한 눈이 되리라

오늘 밤 비록 그대가 곁에 없다 해도
나는 꽃보다 진한 그대 향기에 취해
한 마리 나비가 되어 그대 꿈속을 찾아가리라

그대와 사랑을 나눌 수 있다면
그 이상 바랄 게 없으리라

살구비와 손자

살구가 노랗게 익어가는 계절에
내리는 비는 도깨비 눈물이다
나의 머리칼과 같이 흰 파꽃 위에 어느새
영롱한 이슬 몇 방울을 뿌리고 그친다

이제 개는구나 싶은데 다시 내려
걸어가는 노상 흙길에 물골을 만들어서
산책길 나선 노신사의 발길이 더디다
귀찮지만 싫지 않은 손님이다

이 시간에 찾아오는 불청객이
천둥벌거숭이 나의 일곱 살짜리 손자다
따라왔나 싶더니 어느새 사라졌다

갔는가 싶더니 또다시 나타나
여기저기 들쑤시고 다니며
할애비를 정신없이 바쁘게 만드는
귀찮지만 싫지 않은 녀석이다

지금 오는 살구비도 불청객 손자도
노신사가 귀찮기는 하지만 싫지 않은 동지다

사랑 참, 어렵다

당신이 멀리 있다고
사랑하지 않는 것은 아니다
아무리 멀어도 그대는
내 가슴에 꺼지지 않는 불꽃이다

비록 멀어졌어도
다 미운 것은 아니다
비록 나를 버렸어도
내 마음은 항상 그대 생각이였다

가까이 있다고
다 사랑하는 것은 아니다
비록 그대가 가까이 있어도
내 빈 가슴을 채울 수 없는 슬픔이다

견우직녀의 베틀 사랑

견우여
별빛 강가에서 우리가 처음 만났을 때
그대는 물처럼 부드러운 사랑이었습니다
나는 평범한 일상을 꿈꾸며 베틀에 오르고
그대의 수레에 일생을 맡기려 생각했습니다

하지만 신은 우리를 외면했습니다
그 짧은 만남의 즐거움이 가시기도 전에
비정한 그대는 수레마저 버립니다
나는 깨어진 꿈을 안고 울고 말았습니다

견우여
그대가 머문 곳은 꽃들이 만발하고
벌 나비들이 춤추는 낙원이겠지요
이 몸은 운명이 엮어놓은 베틀의 굴레에
일곱 번 고쳐 않아도 고달프기만 합니다

오늘도 그대 그리움에 은하 강가에 주저앉아
흐르는 은하수만 하염없이 바라봅니다
불러도 소리쳐도 대답 없는 그대는
흔들리는 내 마음을 알아주지 못합니다

견우여
나 이제 절망의 베틀에서 내려온 직녀가 되어
떨어지는 낙엽처럼 미련 없이 길을 나섭니다
희미하게 스러지는 칠석 별 쳐다보며
새벽바람 벗하며 조용히 나의 길을 가렵니다

구름 같은 사랑

사랑을 떠나보내고
사립문에 기대어 눈물을 머금은 채
먼 산을 바라봅니다
조각구름이 산허리를 돌아 흩어져 갑니다
떠나는 사람마저 구름인 듯 사라집니다

어느 날 작은 창 하나 열어
바람처럼 지나는 사람을 품고 말았습니다
그러지 말아야 했는데 후회가 됩니다
하지만 파도처럼 밀려드는 사랑은
어쩔 수가 없었습니다

임의 미소는 봄바람처럼 스며들어
불멸의 그리움을 남겨 놓았습니다
그러나 임은 불꽃 같은 사랑을 남기고
무심히 떠나갔습니다

오늘따라 울 밑에는 해당화가 시들어가고
산속에서는 두견새가 꽃물을 토하고 있습니다
나는 이별이 사랑 보다
더 힘들다는 것을 이제야 알았습니다

임은 구름처럼 떠돌다 가고
나는 구름 같은 당신을 잡을 수가 없어
속이 많이 상합니다

생각할수록 더 그리워지는 사람을
보내야 하는 아픔이
내게는 너무나 큰 고통입니다

사랑아 사랑아

오늘처럼 햇살이 고운 날은
창가에 앉아서 그대 이름 가만히 불러 봅니다
생각나네요 생각나네요
푸른 초원에서 우리는 아이처럼 뛰놀며
달콤한 시간을 보냈지요

오늘처럼 꽃잎이 고운 날은
꽃밭에 앉아 화사한 그대 얼굴 그려 봅니다
백합처럼 향기로운 미소로 행복을 주었는데
여전히 꽃잎 속에 그대는
상큼한 그림자로 아련히 남아있네요

오늘처럼 별빛이 고운 날은
영롱한 별빛에 그대와의 추억을 찾아봅니다
은하강가에 묻어놓은 추억이 너무나 그립습니다
오늘도 당신께 사랑 가득 한 마음을 드립니다

하지만 이젠 혼자 바보처럼 당신을 그리워합니다
그대를 어디에서 찾을 수 있을까요
가만히 그 이름 불러보내요
사랑아 사랑아 내 사랑아

나와 봄비

나는 우쭐대는 봄비를 데리고 강변으로 간다
나루의 버들개지 연둣빛 인사를 하고
조약돌이 속삭이며 물보라를 만든다

나는 우쭐대는 봄비를 데리고 밭둑길로 걸어간다
길가의 찔레꽃 하얀 옷을 갈아입고
청보리 사이로 노란 유채꽃이 익어간다

나는 우쭐대는 봄비를 데리고 산길을 오른다
등성이의 상수리 잎이 함초롬 승무를 추고
기슭의 가녀린 고사리가 주먹질을 해댄다

봄비는 꾸물대는 나를 데리고 신작로를 달린다
목욕을 한 가로수 새 옷으로 반기며 지나간다

봄비는 꾸물대는 나를 그녀의 집으로 데려간다
그녀 창을 적시는 사랑의 세레나데를 부른다

오월의 기도

오월의 밤은
해맑은 진주 이슬로 별을 키우고
비의 눈물을 차곡차곡 모았다가
꿈 많은 소녀의 아린 가슴을 적시며 찾아든다

오월의 밤은
자유로운 영혼을 유혹하며
방종하는 봄바람에 꽃잎을 지우고
수목의 질서를 어지럽게 만든다
무성한 녹음은 길 잃은 나그네를 괴롭힌다

오월의 밤은
애인의 부드러운 치마폭에 깊어가고
눈물 많은 소녀는 가슴에 고이 묻어둔
초록별을 들고 올 사람을 기다리며
별빛 창가에 기대어 간절한 기도를 한다

오로지 사랑만 하겠어요

나는 아무것도 바라지 않아요
제발 그대 곁에 있기만 해주세요

오늘은 그대 사랑에 흠뻑 젖고 싶어요
그대 미소로 내 마음을 황홀하게 해주세요
그대 눈길 속에 내 영혼을 묻고 싶어요

그러나 지금 무척 외롭고 쓸쓸해요
그리고 말 못 할 그리움에 울고 싶어요

가슴에는 슬픔의 비가 종일 쏟아져요
그대는 나의 눈물로 비를 내리게 해요
외로운 나는 폭우 속에서 속절없이 울어요

나는 아무것도 바라지 않아요
오직 그대의 사랑만 생각해요
영원히 그대 품 안에서 살고 싶어요

한용운신인문학상 수상 시인

나의 레나를 그리며

정희오 서정시집

발행일 _ 2022년 7월 1일
발행인 _ 이정록
발행처 _ 도서출판 샘문
저　자 _ 정희오
감　수 _ 이정록
기　획 _ 권지영
편집디자인 _ 신순옥 한가을
인　쇄 _ 도서출판 샘문
주　소 _ 서울특별시 중랑구 동일로 101길 56, 3층(면목동, 삼포빌딩)
전화번호 _ 02-491-0060 / 02-491-0096
팩스번호 _ 02-491-0040
이메일 _ rok9539@daum.net / saemteonews@naver.com
홈페이지 _ www.saemmoon.co.kr (사단법인 문학그룹 샘문)
　　　　　www.saemmoonnews.co.kr (샘문뉴스)
출판사등록 _ 제2019-26호
사업자등록증 등록 _ 113-82-76122
샘문사이버교육원 (온라인 원격)-교육부인가 공식교육기관 _ 제320193122호
샘문평생교육원 (오프라인)-교육부인가 공식교육기관 _ 제320203133호
샘문뉴스 등록번호 _ 서울, 아52256
ISBN _ 979-11-91111-38-5

본 시집의 구성은 작가의 의도에 따랐습니다.
이 책의 저작권은 저자와 도서출판 샘문에 있습니다.
무단 전재 및 표절, 복제를 금합니다.

파손된 책은 구입처에서 교환해 드립니다.
본지는 한국간행물 윤리위원회 윤리강령 및 실천요강을 준수합니다.

도서출간 안내

도서출판 샘문 에서는

시인님, 작가님들의 개인 〈시집〉 및 〈수필집〉, 〈소설집〉 등을 만들어 드립니다.
시집(시, 동시, 시조), 수필집, 소설집(단편, 중편, 장편), 콩트집, 평론집, 희곡집(시나리오), 동요, 동화집, 칼럼집 등 다양한 장르의 출판을 원하시는 분은 언제든지 당 문학사 출판부에 문의해 주시기 바랍니다.
좋은 책을 만들어 드리기 위해 최선의 노력을 다하겠습니다.

빅뉴스

필명이 샘터인 이정록시인 (아호 : 지율, 승목)이 2020년 7월 31일 재발행한「산책로에서 만난 사랑」이 오프라인 서점, 온라인 서점, 오픈마켓에서 절찬리에 발매 되었으며, 특히 교보문고에서는 1년간 베스트셀러를 기록하였으며, 현재 스테디셀러를 지속하고 있습니다.
샘문 시선집으로 유수에 로펌 출판사와 저명 시인들을 제치고 베스트셀러를 기록한 후 스테디셀러 행진 중이며 교보문고「골든존」에 등극한 것은 샘문 시선집의 브랜드력과 당 문학사 대표 시인인 이정록 시인의 저명성과 주지성이 독자 확보력이 최선상임이 증명 된 사례입니다. 또한 네이버에서 〈판매순위〉, 〈평점순위〉, 〈가격순위〉를 교보문고 등에서 1위를 지속하고 있는 시집을 네이버에서 전국서점을 모니터링 한 후 베스트셀러로 선정하였고, 이어 원형에 붉은색 사인(sign) 낙관을 찍어 줬습니다. 그 후 서창원 시인의 〈포에 트리 파라다이스〉가 베스트셀러로 선정되었으며 강성화 시인, 박동희 시인, 김영순 시인, 남미숙 시인, 최성학 시인, 서창원 시인 시집이 또 베스트셀러로 선정되었습니다.
그 이후 이정록 시인에 후속 신간 시집 〈내가 꽃을 사랑하는 이유〉와 〈양눈박이 울프〉, 〈꽃이 바람에게〉 신간 시집이 3개월 째 베스트셀러(교보문고) 행진을 지속하며, 3쇄를 완판하고 현재「골든존」에 등극하여 현재 전시 중 입니다.
그리고 뒤를 이어 이동춘 시집〈춘녀의 마법〉과 정완식 소설〈바람의 제국〉이 네이버, 교보문고 선정 베스트셀러에 선정되고 4쇄 판매 중입니다.

샘문특전

교보문고, 영풍문고, 인터파크, 알라딘, 예스24, 11번가, GS Shop, 쿠팡, 위메프, G마켓, 옥션, 하프 클럽, 샘문쇼핑몰, 네이버 책 등 주요 오프라인, 온라인, 오픈마켓 서점 및 쇼핑몰에 공급하고 있습니다.
기획, 교정, 편집, 디자인에 최고의 시인(문학박사) 및 작가 등 전문가들이 참여하여 감성이 살아있는 시집, 수필집, 소설집을 만들어 드립니다. 인쇄, 제본 용지를 품질 좋은 우수한 것만 사용합니다.
당 문학사 컨버전스 감성시집과 샘터문학신문, 홈페이지, 샘문 쇼핑몰, 페이스북, 밴드, 카페, 블로그 합쳐 7만명의 회원들이 활동하는 SNS를 통해 홍보해 드립니다.
당 출판사를 통해 국립중앙도서관 및 국회도서관에 납본하여 영구보존합니다.
당 문학사 정회원은 출판비 〈10% 할인〉이 적용됩니다.
교보문고 광화문 본점 매장에 전용판 매대에 전시됩니다.
출판비 할부도 가능합니다.(각종 카드사 6개월 ~ 12개월 까지 할부가능)

문 의 처

TEL : 02-496-0060 / 02-491-0096 I FAX : 02-491-0040
휴대폰 : 010-4409-9539 / 010-9938-9539
E-mail : rok9539@daum.net
홈페이지 : http://www.saemmoon.co.kr / http://www.saemmoonnews.co.kr
주소 : 서울시 중랑구 101길 56, 3층 (면목동, 삼포빌딩)
계좌번호 : 농협 / 도서출판 샘문 351-1093-1936-63

신 문 학 헌 장

문학이 인간에게 어떤 역할을 하는지, 주는 감동이 얼마나 큰 것인지를 알아야 한다.

작품을 출산하고 매체를 통해서 보여주고 이를 인간이 향수할 때 비로소 본질을 찾을 수 있다.

시인, 작가들은 청정한 생명수가 솟아나는 샘물을 제공하는 마중물이 될 것이며 노마드 신문학파로서 별들이 꿈꾸는 상상 속 초원을 누비며 별꽃을 터트려야 한다.

문학활동은 인간의 영성을 승화시켜 은사적, 이타적 인생을 살아가도록 구축해 주는 도구로 인간이 창조한 가장 심원한 예술이며, 갈구하는 본향을 찾아가고 이상을 실현시키는 수단이다.

문학인은 시대정신을 바탕으로 황폐화된 인류의 치유와 날선 정의로 부패한 권력과 자본을 정화하고 보편적 가치로 약한 자를 측은지심으로 대하는 보호자가 되어야 한다.

우리는 작금의 한국문학을 점검, 반성하며 이를 혁신하여 시대와 국민과 문학인이 함께하는 문학헌장을 제정하여 신문학운동을 전개할 것을 선언한다.

첫째 : 삶에 기여하는 숭고한 문학을 컨버전스화 하고 고품격 콘텐츠로 승화 시켜 인류가 향수하게 한다.

둘째 : 수천 년 역사의 한민족 문화콘텐츠를 한류화하여 노벨꽃을 피우고, 인류의 평화, 자유, 행복에 기여한다.

셋째 : 위대한 가치가 있는 문화이기에 치열한 변화를 모색하고 품격을 최선상으로 끌어올려 세계문학을 선도하자.

2021. 06. 06

헌장문 저자 이정록